MÉMOIRES

DE

RIGOLBOCHE

PARIS. — IMP. SIMON RAÇON ET COMP., RUE D'ERFURTH, 1.

MÉMOIRES

DE

RIGOLBOCHE

ORNÉS D'UN PORTRAIT

PHOTOGRAPHIÉ PAR PETIT ET TRINQUART

PARIS

E. DENTU, LIBRAIRE-ÉDITEUR

13, PALAIS-ROYAL, GALERIE D'ORLÉANS

—

1860

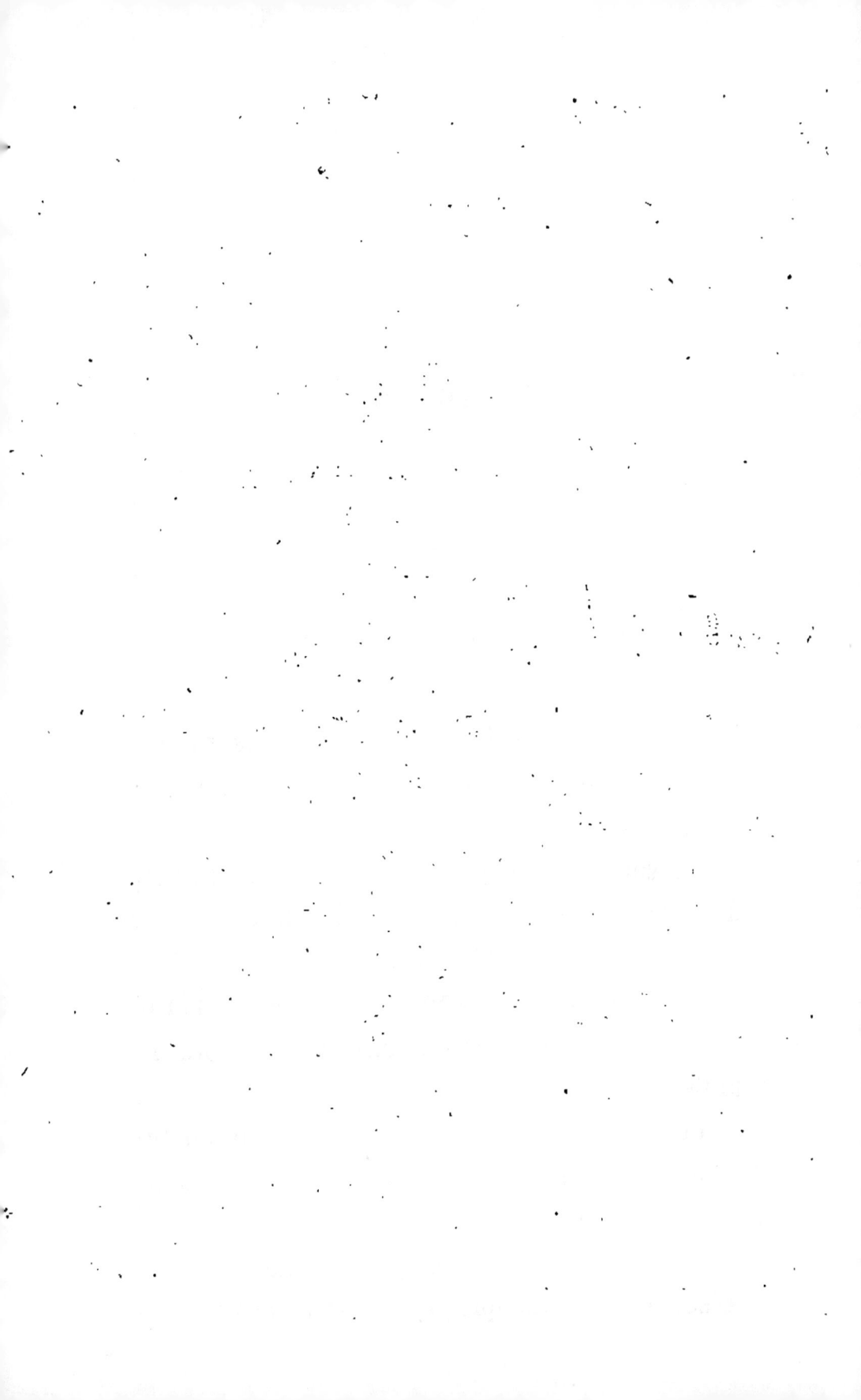

DÉDICACE

—co—

A MANE

DE L'INDÉPENDANCE BELGE

Je vous dédie ce livre parce que vous m'avez dédié le vôtre, — je ne sais pas accepter une politesse sans la rendre.

Je ne vous connais pas, et je ne veux pas vous connaître, parce que quand un homme se cache c'est qu'il n'est pas joli garçon.

Vous prétendez m'avoir faite, c'est parfaitement vrai, et je vous en remercie — pour ma famille.

Avouez une chose pourtant, c'est qu'en travaillant à ma réputation vous avez un peu travaillé à la vôtre.

On vous connaît parce que j'existe.

C'est de l'amour-propre, n'est-ce pas?

Peut-être, mais c'est de l'amour-propre légitime.

Dans le prologue de la *Toile ou mes quatre sous!* revue jouée à mes chers Délassements-Comiques, on parlait d'un nommé Alcibiade, qui s'était fait un nom en coupant la queue à son chien.

Vous avez coupé la queue au vôtre, mais c'est moi qui ai joué le rôle du quadrupède.

Vous avez fait faire le cercle pour qu'on me vît mieux, et mes exercices ont été plus appréciés que les vôtres.

Je suis Mangin, vous êtes Vert-de-gris.

Je ne vous cacherai pas que dans le monde vous passez pour mon amant.

C'est bien de l'honneur qu'on me fait.

Votre nom est accolé au mien pour la vie : si vous êtes marié, cela doit apporter quelques troubles dans votre ménage.

Tant pis pour vous ; — d'ailleurs, ce que vous perdez en bonheur conjugal, vous le rattrapez en popularité.

Quand je danse, on nous applaudit tous les deux.

Un jour il vous est passé une idée par la cervelle :

—Si, pour faire enrager mes concitoyens, vous êtes-vous dit, j'élevais une statue de terre glaise à côté des leurs, et si je rendais cette statue plus solide et plus durable que les statues de marbre ?

Et immédiatement vous avez mis la main dans le macadam, et ma célébrité s'est faite.

Regardez vos mains maintenant !

Vos concitoyens ont ri : ils auraient dû pleurer sur vous.

Je suis votre créature, je vous appartiens ; vous êtes mon père.

— Bonjour, papa Mané.

Vous voilà forcé d'accepter la dédicace de mes confidences ; tant que ce livre vivra, vous serez le bon Mané à petite Rigolboche.

C'est cela qui est dur !

Vous avez cru rabaisser l'amour-propre des orgueilleux de votre temps en plaçant ma gloire auprès de la leur.

Vous n'avez rien rabaissé du tout ; seulement vous êtes monté avec moi sur le piédestal que vous m'avez construit.

N'ayez pas peur de tomber : il y a de la place pour deux.

C'est là que vous vouliez en venir, vous avez parfaitement réussi.

Je suis un peu sans façons avec vous, et je vous parle le pied en l'air, cela tient à ce que je suis sûre de votre affection : j'exploite le faible que vous avez pour moi.

D'ailleurs, nous ne nous devons rien, — pas même le respect.

Vous vous êtes servi de moi pour vous faire un nom et vous m'en avez fait un : la balance y est.

Je suis une Manon Lescaut dansante.

Vous êtes mon chevalier des Grieux.

Votre bien dévouée cabrioleuse,

Marguerite RIGOLBOCHE.

MÉMOIRES

DE

RIGOLBOCHE

CHAPITRE PREMIER

SOMMAIRE. — Pourquoi j'ai le droit de publier mes confidences. — L'Académie me réclame. — Le P. Lacordaire. — M. Louis Veuillot et moi. — Les histoires de biches. — Ceux qui y croient. — Disons donc la vérité. — Un doigt de réflexion. — Béranger. — Ce que nous devons à MM. Alexandre Dumas fils et Théodore Barrière. — Comment on devrait nous traiter. — Pourquoi MM. Dumas fils et Théodore Barrière, déjà nommés, travaillent pour la morale. — Le lieu de ma naissance — Ce que pense ma mère de ma position — Ma mère et M. Jules Janin.

I

— Oh! Rigolboche qui publie ses Mémoires!

— Eh bien, oui, ma chère, est-ce que cela

té gêne? n'ai-je pas autant ce droit-là que monsieur Chose ou que mademoiselle Machin?

Ils se sont amusés à me rendre célèbre, tant pis pour eux, je suis leur égale maintenant.

J'exploite ma réputation; que les prudes et les hommes graves s'en prennent à mes apologistes, qui ont cru être très-spirituels en me glorifiant; à présent que c'est fait, je ne rentrerais pas dans l'obscurité pour un hôtel et des chevaux.

Allons, messieurs, un peu de place, s'il vous plaît! Je fais partie du bataillon sacré des célébrités, je suis votre camarade en renommée, je puis vous tutoyer et dire « nous » en parlant des gloires parisiennes.

Cela commence à vous sembler drôle.... hein?

C'est comme cela pourtant.

Voilà ce que c'est que de jouer avec maman la Réclame.

II

— Mais pourquoi écrire?... qu'espérez-vous raconter?

— Je ne sais pas, ce qu'on voudra, ma vie, mes impressions, des leçons de tenue et de mantien, tout ce qui me passera par la tête, je veux devenir une femme littéraire, j'ai envie d'être de l'Académie.

Je ne doute plus de rien à présent.

Histoire de continuer leurs malicieuses plaisanteries, ils sont capables de m'aider à y entrer, à cette fameuse Académie, qui est tout proche des bains Ouarnier, a ce qu'on m'a dit.

C'est ce jour-là que ça serait gai!

J'apprendrai à danser au P. Lacordaire — gratis.

III

Ce qui m'ennuie, c'est que M. Louis Veuillot

n'ait pas encore voulu faire ma connaissance; il m'a toujours plu, cet homme-là.

Il élève la voix, je lève la jambe : nous sommes faits pour nous comprendre.

Mané, ne pas oublier de me présenter à M. Louis Veuillot à la première occasion, vous entendez?

IV

Est-ce que cela va bien vous amuser que je vous raconte ma vie?

Ça serait intéressant si j'imitais une foule d'amies à moi qui ont inventé sur elles un tas d'histoires pleurnichardes pour s'excuser de leurs mauvaise conduite.

J'ai la prétention d'avoir autant d'imagination que toutes ces dames, et rien ne me serait plus facile que de raconter les « malheurs » que j'aurai dû avoir dans mon enfance;

De parler d'une mère marâtre qui me battait, me nourrissait au pain noir et à l'eau sale, qui me faisait travailler vingt-trois heures par jour;

De faire pleurer les âmes sensibles en leur narrant le conte d'une séduction dans les règles, ou l'histoire d'un jeune homme blond — le valet de cœur — qui m'aurait abandonnée après m'avoir fait maudire par ma famille !

D'introduire dans mon récit un homme de la campagne — le roi de pique — lequel m'aurait « arrachée à la mort » et repêchée dans la rivière sans réclamer, dans un beau mouvement de désintéressement, les vingt-cinq francs de prime.

Mais c'est si vieux, tout cela, c'est si connu, que malgré moi je rirais comme une folle à la quatrième ligne... et vous aussi.

V

Pourtant, voyez comme les hommes sont

bizarres, il en est très-peu qui ne se laissent prendre à ce mélodrame de boudoir; ils pleurent avec les victimes, ils les excusent d'avoir failli et leur permettent de continuer leur petit commerce de femme abandonnée.

— La société est mal faite, disent-ils en s'essuyant les yeux, elle repousse la péche-resse et à aucun prix elle ne lui accorde mi-séricorde...

Des fadaises!

VI

Ce qui m'étonne, c'est le peu de franchise et d'énergie de ces dames. — Pourquoi ne pas dire la vérité? pourquoi ne pas être sincères et dire carrément ce qui est?

« Nous sommes biches » par vocation.

Parce que c'est dans notre destinée et que la robe de soie est plus facile à gagner que la robe de laine.

Cela vaudrait mieux, allez, et vous n'en se-
riez pas mieux considérées pour cela.

Au contraire.

VII

On nous prend trop au sérieux, voilà la
vérité; les bohèmes galantes, pour me servir
d'une expression qui a du chic, ne sont réellement que ce qu'on les fait et ce qu'on les
fera. Hors la loi sociale notre devise n'est
point *ruine et désordre*, mais *insouciance et
liberté*, ce qu'il nous faut, à nous autres vier-
ges folles, c'est le champagne, la gaîcté et la
permission de tout dire, nous n'aimons le luxe
que parce que nos « protecteurs sérieux »
l'adorent, nous ne sommes coquettes que
parce qu'on l'exige de nous.

Quelle est celle de mes collègues qui n'a
pas souvent rêvé au petit bonnet de tulle, à la
robe de jaconas et à l'amour dans une man-
sarde?

Nous aimons toutes Béranger.

C'est peut-être un tort, mais à coup sûr ce n'est pas un crime.

VIII

Lorsque des auteurs de talent, — Alexandre Dumas fils et Théodore Barrière, — un blond et un brun, — nous ont jeté des choses dures à la tête, lorsqu'ils se sont creusé le cerveau pour nous dire en plein public ce que nous sommes, — comme si nous ne le savions pas mieux qu'eux, — ils ont commis selon moi une formidable boulette, ils nous ont pour ainsi dire sanctifiées : nous n'étions que des lorettes, ils ont fait de nous des « filles de marbre; » nous ne voulions être que des « biches, » ils nous ont métamorphosées en baronnes d'Ange, et filles de marbre et baronnes d'Ange sont apparues aux yeux des pères de famille moraux et des collégiens désireux comme des tribus envahissantes dont non-seulement il fallait se défier, mais encore qu'il fallait chercher à détruire dans l'intérêt de la « socilliété ! »

IX

Des gros mots pour des bêtises, des canons rayés contre une armée de jolies filles sans défense — et sans défense est le mot.

X

Au reste, nous aurions tort de récriminer contre ces charmants auteurs, leurs œuvres ont eu cela d'heureux, c'est qu'elles ont fait notre fortune et que jamais nous n'eûmes de plus efficaces réclames.

Qu'ils soient bénis, les spirituels écrivains, mais qu'ils ne se posent pas en messieurs qui travaillent pour la morale.

XI

Ils ont plutôt l'air de jeunes gens à qui les
« femmes » en ont fait voir, ce qui pourrait
bien être vrai.

XII

Je suis née à Naney, nà :

XIII

Sans savoir comment, je me suis retrouvée
au Casino-Cadet, à seize ans.

J'ai toujours aimé la danse; mon père sou-
tenait que ma mère avait eu un regard de
Markouski. Mes parents ont toujours été excellents pour moi, ma mère est enchantée de
ma réputation, elle collectionne tous les journaux qui parlent de moi.

On l'appelle madame Rigolboche dans le quartier, et personne ne lui refuse crédit.

Elle est si contente de ma célébrité, que, lorsqu'on fait le simulacre de toucher à un cordon de ma bottine, elle devient furieuse.

L'autre jour elle voulait aller arracher les yeux à M. Jules Janin parce qu'il avait *latinisé* sur mon coup de pied.

J'ai eu toutes les peines du monde à la retenir.

— Laisse-le donc faire, lui ai-je dit; il ne comprend pas ce qu'il dit, c' pauvr' homme !

CHAPITRE II

Sommaire. — La curiosité des hommes. — Ce qui m'a fait quitter le *sentier de la vertu*. — L'amour d'une pendule. — L'effet d'un souvenir. — Le diable. — M. Prosper. — Les yeux d'un vieillard. — Une nouvelle manière d'effeuiller les marguerites. — Chut !

I

Les hommes ont une manie bien désagréable, ils sont curieux comme des crinolines.

— Comment vous êtes-vous perdue? demandent-ils tous.

Qu'est-ce que ça leur fait?...

On se perd quand on ne gagne pas assez, voilà tout.

II

Moi, ce qui m'a fait « rouler dans l'abîme du déshonneur, » c'est l'horlogerie.

Quand j'habitais Nancy, j'avais une chambrette d'une modestie attristante ; cependant je m'en contentais, elle était si propre, si soigneusement tenue, ma fenêtre était si profusément ornée de fleurs, que je m'y plaisais.

Comme on change en vieillissant !

Une pendule manquait à son ornement. — Ma voisine, plus privilégiée que moi, possédait un coucou qui faisait mon envie.

J'aurais tout donné pour une pendule ; ce désir était devenu si violent, que j'en rêvais. Je me pris à économiser.

Je gagnais à cette époque quelque chose comme dix sous par jour. En suivant les lois d'une avarice sordide, il ne m'était guère possible de mettre plus de deux sous de côté chaque journée.

C'était à en mourir de chagrin.

Et la pendule me trottait de plus en plus dans la tête.

— Mon Dieu ! me disais-je, comment faire pour obtenir une pareille fortune, pour avoir, moi aussi, le plaisir d'entendre sonner « ma » pendule, de la remonter, d'écouter ses battements ! Une pendule, c'est presqu'une compagne qui vit, qui conseille, qui parle; si j'en avais une il me semble que je serais moins seule.

III

Je demande la permission de m'arrêter pour me livrer à l'éclat de rire insensé que m'arrache ce souvenir d'horlogerie poétique.

Est-on bête à quinze ans !...

Au reste, rien ne prouve que ce rire ne cache pas une larme.

Les souvenirs de jeunesse ont cela de particulier, c'est qu'en les remuant on y trouve toujours une impression qui ressemble beaucoup aux giboulées de mars.

IV

Mon envie devenait implacable; — depuis ce temps j'ai réfléchi énormément à cette aventure, et j'ai acquis la conviction que le diable était pour quelque chose dans cette tentation.

Je crois au diable, — il a tant fait pour moi !

La vérité est que le terrain était parfaitement préparé, et que Satan n'avait plus qu'à apparaître pour récolter les bénéfices de sa rouerie.

V

C'était un samedi, je travaillais auprès de ma fenêtre, la pendule m'agitait de plus en plus; soudain on frappa à ma porte.

J'étais trop grisette pour que la clef ne fût pas dans la serrure. — La porte s'ouvrit, et un homme portant sous son bras un objet enveloppé d'une serge verte apparut sur le seuil. Cet homme, c'était M. Prosper.

M. Prosper était mon voisin, il avait cinquante ans et il en paraissait soixante, chauve, d'une laideur repoussante; il avait comme marque particulière, au milieu du visage, une immense verrue qui semblait lui faire un second nez.

Malgré ce manque d'attraits, il ne me déplaisait pas, du moins j'aimais ses yeux.

Je les aimais et je les craignais à la fois, car ils étaient vraiment bizarres.

Ils avaient conservé une flamme de jeunesse qui brûlait lorsqu'on les fixait.

Quand il parlait, sa voix était celle d'un vieillard et ses yeux démentaient l'austérité de sa voix.

Il ne m'avait jamais donné que d'excellents conseils, mais ses yeux avaient l'air de contredire ses paroles.

Son regard m'attirait; j'étais convaincue qu'il devait briller dans l'obscurité.

VI

C'était un rentier, sa fortune pouvait être de cinq à six mille francs de revenus. — On l'appelait le père Californie.

— Mademoiselle Marguerite, me dit-il, voulez-vous me rendre un service?

— Avec grand plaisir, monsieur Prosper, répondis-je.

— Je suis forcé de m'absenter pour quelques jours; pendant mon absence, j'ai peur que ma pendule ne se dérange, voulez-vous me la garder?

Je le fixai, muette d'étonnement; ses yeux lançaient des éclairs.

—Est-ce que cela vous contrarie? continuat-il doucement, voyant que je ne répondais pas.

Cette proposition qui correspondait si bien à mon désir m'avait ôté la parole.

— Eh bien?...

— Pas du tout, balbutiai-je, je vous remercie, au contraire, de cette confiance.

Il retira la serge qui recouvrait la pendule, je jetai un cri; elle était magnifique, le sujet représentait un troubadour jouant du luth sur un rocher doré. Mon rêve!

M. Prosper, sans s'inquiéter de mon ébahissement, posa la pendule sur la cheminée, mit la clef sous le socle et sortit en me lançant un regard chauffé à blanc.

VII

Il avait fermé la porte depuis longtemps que j'étais encore dans la même posture. Je revins à moi; d'un bond, je fus à la cheminée, j'ôtai le globe pour entendre marcher le balancier de plus près. J'aurais donné beaucoup pour qu'elle sonnât tout de suite. — Je la retournai pour en examiner le mécanisme, enfin elle sonna : sa sonnerie était claire et argentée. Ce jour-là je ne travaillai point. Je me couchai à minuit, — et pour la première fois de ma vie, je sus l'heure qu'il était quand je me réveillai.

Je fus me replacer devant la pendule. Chose curieuse, chaque fois que je la contemplais, je pensais, malgré moi, aux yeux de son propriétaire.

Il me semblait que les deux trous du cadran avaient la même fixité et la même flamme.

Je mélangeai si bien regard et pendule, qu'un matin je me surpris me livrant au petit travail suivant.

J'entendis le bruit sec qui annonce la sonnerie. Je fermai les yeux et j'effeuillai une marguerite de cette façon:

Un coup sonna. — Je l'aime, fis-je.

Deux. — Un peu.

Trois. — Beaucoup.

Quatre. — Passionnément.

Cinq. — Pas du tout.

Six. — Je l'aime.

La pendule s'arrêta. Je regardai les aiguilles, il était six heures.

J'aimais M. Prosper à six heures.

VIII

J'aimais mon voisin à la verrue, j'aimais un vieillard!

C'est qu'aussi il avait un drôle de regard, ce vieux-là.

IX

Une semaine se passa, M. Prosper revint.

— Rendez-moi ma pendule, me dit-il, l'œil en feu.

— Déjà !

Et, malgré moi, je soupirai si fortement, qu'il leva la tête.

— Elle vous plait donc ?

— Dame…

J'osais à peine lui répondre…

— Dites, vous plaît-elle ?

Et l'œil brillait, brillait…

— Je l'aime, fis-je en pleurant à chaudes larmes.

— Ma pendule !

Il aurait dû rire de ma réponse, il n'en rit point.

— Voulez-vous que je vous la donne, reprit-il doucement, ou plutôt que je vous la vende ?

— Me la vendre! je n'ai pas d'argent.

— Un baiser, est-ce cher ?

— Un baiser, non.

Et, sans réfléchir, je tendis ma joue, il s'avança et me prit la tête dans ses mains.

A cette distance des miens, ses yeux me brûlèrent comme un fer rouge.

Je me reculai instinctivement...

Il m'embrassa......

X.

J'ai toujours la pendule.

CHAPITRE III

Sommaire. — Mon âge. — Pourquoi les femmes ont tort de cacher le leur. — Un mot d'une marchande à la toilette. — Mes ennemies. — Finette, ma rivale. — Pourquoi elle m'est inférieure. — Gueymard. — Le monde de Finette. — La civilisation et nous. — Les lettres de Finette. — Les mystères de sa correspondance dévoilés. — Un métier inconnu. — Pourquoi les hommes ont raison de se laisser tromper. — Le désagrément d'avoir un secrétaire. — J'écris mes lettres moi-même. — Madame Louise Colet. — La baronne de B... — Sa beauté. — Les beautés de la veille. — Les bons mouvements de la baronne. — Histoire d'un petit Savoyard. — Son adoption. — Ce qu'il est devenu.

I

Une chose qui étonne bien des gens, c'est mon âge.

Personne ne veut croire que je n'ai que dix-huit ans.

Et pourtant rien n'est plus vrai.

On m'accuse de coquetterie, de dissimulation. On prétend que je ne dis pas la vérité.

Mentir, moi! Allons donc!

C'est trop fatigant.

II

J'ai réellement dix-huit ans, — pas une soirée de plus.

Je sais que j'en parais vingt-quatre.

La célébrité vieillit, voilà tout.

J'avance sur mon acte de naissance. Je ne le regrette pas.

C'est peut-être une excuse.

III

Si j'étais plus âgée, je me ferais un devoir de dire.

Je n'ai jamais compris pourquoi les femmes cachaient soigneusemnet leur âge.

Il me semble, au contraire qu'il y a, une certaine coquetterie à déclarer franchement son nombre d'années.

Une des propriétés de la femme est d'être toujours en contradiction avec l'âge qu'elle a.

Accuser trente ans quand on paraît en avoir vingt, c'est s'attirer un compliment sincère.

Refuser de le dire, c'est donner à penser.

Je me rappellerai toujours le mot d'une marchande à la toilette à qui j'ai beaucoup acheté et beaucoup dû.

— Ma fille, me disait-elle en prenant sa prise, souviens-toi qu'on aime les biches franches, cela repose des femmes du monde.

IV

Mon amour pour la vérité m'a attiré une infinité de haines.

Je ne me dissimule pas que ma réputation est un peu la cause de ces antipathies.

Quelle est la personne célèbre qui n'a pas d'ennemis?

Les inimitiés sont une preuve de puissance, on ne déteste que les grands.

Ma « carrure » et ma position m'ont donc créé une foule d'antagonistes, parmi mes compagnes surtout.

Elles ont répandu sur moi plus de calomnies qu'il n'en faudrait pour faire pendre un homme.

Heureusement que je suis une femme.

D'ailleurs, elles n'en diront jamais sur moi-même plus que je n'en pense.

Il me serait facile de me venger, dans ce livre surtout.

Je n'aurais qu'à raconter simplement ce que je sais d'elles.

Mais, outre que la vengeance n'est-pas dans mes allures, il me répugne de dévoiler des petits mystères de boudoirs. J'aurais l'air de manger le morceau.

V

Cependant je ne résiste pas au plaisir de parler de quelques-unes de ces dames.

De mademoiselle Finette par exemple, ma rivale directe.

Tout le monde connaît Finette, charmante fille dont les yeux sont grands, les cheveux longs et les dents blanches.

Son seul défaut est d'être jalouse de moi.

Elle veut me supplanter.

Comme si c'était possible!

Ses amis lui jurent que sa danse *tombe* la mienne, qu'elle est mille fois plus gracieuse que moi, que son coup de pied a plus de fantaisie et son balancement plus de brio.

Rien n'est moins vrai.

Finette danse *sans conviction*, c'est ce qui la tuera

Pour tout le reste, elle m'imite.

Elle croit être mon égale, elle n'est que mon disciple.

Elle pousse si loin l'imitation, qu'elle s'est fait une voix comme la mienne.

En passant des nuits, en quêtant des rhumes, elle est arrivée à l'enrouement obligé.

Mais elle n'est qu'enrouée.

Moi, c'est naturel, c'est presque de naissance.

Enfin elle est Finette, je suis Rigolboche.

VI

Je crois que je viens d'avoir un mouvement d'orgueil.

Qu'on me le pardonne, car il est juste.

J'ai mis quatre ans à faire ma voix.

On a cherché à la comparer à celle de feu Grassot.

On a eu tort, mon organe n'est comparable à celui de personne.

J'ai trouvé moyen de m'extraire trois notes du gosier.

Je défie qui que ce soit d'en faire autant.

Gueymard voudrait y arriver qu'il ne le pourrait pas.

Et pourtant il emploie le moyen que j'ai employé.

Il crie toujours.

VII

Revenons à Finette.

Elle fréquente un vilain monde, elle va chez Markouski et, quand elle est au milieu de gens qui la voient pour la première fois, elle pose pour la femme distinguée.

Une faute.

Ce qui détruira les biches c'est l'amour de la distinction.

Après avoir fait tout ce qu'il est humaine-ment possible pour que leurs bonnets dépassent les moulins, elles veulent qu'on les respecte et qu'on les appelle « Madame. »

Quand elles vont au Bois, elles sont enchantées lorsque les commis de confection les confondent avec les femmes du monde.

On aura beau faire, il y a toujours chez la femme un fond d'honnêteté et un besoin de respect qui ne disparaîtra jamais.

A quoi cela tient-il?

A l'amour-propre probablement.

VIII

Aucune femme ne vient au monde vertueuse pourtant, elle le devient ou reste ce qu'elle était.

On a dit que la courtisane était un produit de la civilisation.

C'est une erreur.

C'est la femme honnête qui est un produit de la civilisation.

IX

Finette fume, Finette se grise, son langage est commun, elle injurie sa bonne du matin au soir.

Sa bonne en rit, et elle a bien raison, elle sait que sa maîtresse fait cela parce que je le fais.

Finette a la réputation d'écrire des lettres charmantes.

Elle ne sait pas signer son nom et ne lit que les imprimés.

Comment fait-elle?

Voilà le mystère, — et ce mystère touche non-seulement à Finette en particulier, mais encore à toutes les biches ignorantes.

X

C'est sa maîtresse de piano qui est son secrétaire.

Le premier besoin de toute femme qui met une « robe donnée » est d'apprendre le piano.

La maîtresse est louée en même temps que l'instrument; les leçons durent deux jours; au bout du troisième on trouve que cela ne va pas assez vite, et l'on cesse d'apprendre, mais on ne renvoie pas le professeur.

C'est que le professeur est généralement une femme instruite qui écrit des lettres poétiques et fait tout ce qui concerne le métier de poëte à l'heure.

La maîtresse de Finette a une centaine de clientes qui la payent douze francs par mois.

Elle écrit quelque chose comme deux cents poulets par jour.

C'est beaucoup de travail, mais les lettres sont copiées dans le *Secrétaire des Dames*, ce qui simplifie la besogne.

Les messieurs n'y voient que du feu et sont convaincus qu'ils « enrichissent » un bas bleu.

Les hommes passent leur vie à prier qu'on les trompe.

Ce que l'on fait du reste avec religion.

XI

Ont-ils tort?

Ma foi, non.

Une de mes amies a fait un jour la réponse suivante à son protecteur, qui tenait à lui prouver son infidélité :

— Ah çà, mon cher, lui a-t-elle dit, si tu ne veux plus te laisser tromper, dis-le, on te cherchera d'autres distractions.

Finette, aux yeux de ses amants, passe pour une femme à double face : la femme qui parle et la femme qui écrit.

J'en ai vu qui pleuraient d'attendrissement sur ses lettres et qui riaient à ses discours.

Le malheur est que quelquefois les missives arrivent en retard.

La maîtresse de piano a ses heures fixées. Chez Finette, elle vient tous les jours à une heure et s'en va à deux. Lorsqu'un poulet

vient plus tard, il ne reçoit fatalement sa réponse que le lendemain.

Ce qui est fort désagréable quand c'est une
invitation à dîner pour le jour même.

XII

J'écris mes lettres moi-même. Outre que je
suis une femme qui a de la « littérature, » je
n'aime pas à raconter mes affaires à des
étrangers. J'ai pris, du reste, cette décision
depuis une certaine aventure où j'ai failli être
ridicule — chose que je ne me pardonne pas.

J'avais une lettre importante à écrire, et
vraiment je ne savais comment la tourner. Je
m'en fus trouver la maîtresse de piano en
question, laquelle, moyennant un louis, me fit
le brouillon d'une épître échevelée.

Dans cette lettre, je parlais du ciel bleu, du
lac d'azur, des étoiles et de la lune; le tout
signé Rigolboche. Je terminais en demandant
un présent pour ma fête.

Mon correspondant m'envoya les œuvres de madame Louise Colet.

Je me suis punie en les lisant.

Je méritais bien cela.

XIII

Quittons Finette, si vous voulez bien : j'en ai déjà trop dit sur elle ; et parlons d'une autre camarade à moi plus digne de la publicité.

De la baronne de B....

Bien des gens connaissent la baronne..C'est une femme qui frise la trentaine et qu'on a dotée d'un surnom titré par antithèse.

Elle n'est pas jolie.

Je puis d'autant plus le dire, que chacun est de cet avis.

Elle a de beaux restes. Ç'a été toute sa vie ainsi. Quand elle avait seize ans, tout le monde disait :

— Voilà une femme qui a dû être bien jolie.

Non pas qu'elle paraisse vieille, mais elle est de cette race de femmes qui ont l'air d'avoir été jolies avant leur naissance.

Leurs traits sont beaux et rappellent une beauté passée; en les détaillant on se rend parfaitement compte de ce qu'elles ont pu être jadis. Quant à ce qu'elles sont actuellement, on est forcé d'avouer qu'elles sont laides.

Genre de femmes que je me permettrai d'appeler : les beautés de la veille.

XIV

La baronne est une bonne fille; bohème par instinct, elle aime la liberté et le sans-façon.

Capricieuse comme les blondes, elle a les premiers mouvements excellents.

Mais, chez elle, comme chez les diplomates, il paraît, les réactions sont toujours mauvaises. Je puis en donner un exemple.

X V

Un jour, au Bois, elle se prit de pitié pour
un petit Savoyard de six ou sept ans qui lui
demandait la charité ; comme elle avait du
temps à perdre, elle le pria de raconter son
histoire, ce que le petit fit d'une manière si
touchante, que les assistants — deux amies et
et un Saint-Gaudens abâtardi — faillirent pleurer. La baronne, émue jusqu'aux larmes, fit
le tour de la société et récolta deux louis,
qu'elle donna au gamin.

Sa générosité aurait pu s'arrêter là ; elle
alla encore plus loin. L'enfant se disait aban-
donné, sans famille, battu par un maître exi-
geant. La baronne, dans un élan superbe, dé-
clara qu'elle l'adoptait pour son fils.

La foule battit des mains et voulut la porter
en triomphe.

Une dame du noble faubourg fit sur cet

événement une réflexion qu'on ne doit point passer sous silence.

— Ces femmes, disait-elle, pour faire parler d'elles, sont capables de tout, même de devenir des saintes Vincente de Paul.

XVI

L'enfant fut effectivement adopté. La baronne, qui lui avait dit de l'appeler sa tante dans le monde, le débarbouilla elle-même, le fit habiller avec élégance, et pendant un mois ce fut un amour maternel effréné; tout le monde s'entretenait de sa bonne action, son cœur fit prime.

On venait la voir, elle et son « neveu, » comme on va voir des phénomènes.

Deux mois se passèrent.

Depuis quelque temps on l'entendait parler moins souvent de son adopté; il avait cessé de dîner à table, de sortir avec elle. Au reste,

personne ne demandait plus de ses nouvelles.

Les courses qui allaient avoir lieu avaient
changé le cours des idées. La baronne, suivant
une vieille habitude, ne manqua pas d'y assis-
ter; elle y vint dès le premier jour, dans une
voiture de chez Briand, une voiture en meu-
blé, comme dit Mélanie, ma camarade du
théâtre.

Mais quelle fut la surprise de tous quand
on vit le petit Savoyard en culotte courte et en
livrée orange, juché derrière la voiture. —
La baronne, dans un mouvement réactif et
revenue probablement sur le compte de son
fils d'adoption, en avait fait son groom !

CHAPITRE IV

SOMMAIRE. — Pourquoi on aime notre monde. — L'indépendance de la femme. — Pourquoi elles deviennent biches ou se marient. — Ce qu'est un homme à leurs yeux. — Un mot d'une fille pauvre. — Le corset et la liberté. — Sommes-nous réellement heureuses? — Que devenons-nous? — Un doigt de morale, série ennuyeuse. — Pourquoi je ne vieillirai jamais. — Un engagement pour 1924. — Mes regrets d'avoir été sérieuse. — L'apologie des biches. —Leurs moyens pour parvenir. — L'exploitation d'un besoin. — Le stratagème du cachemire. —Comment on rembourse les provinciaux. — *La lettre de ma mère.* — M. d'Ennery. — Ce qu'on lui doit.

I

Il faut bien l'avouer, notre monde est le plus amusant de tous les mondes, nous vivons à part, en dehors de toutes les convenances et de toutes les traditions.

Nous avons pris l'envers de la vie. Je m'explique parfaitement l'amour des jeunes gens pour nous.

Ce qu'ils aiment, c'est l'irrégularité de notre existence, la bohémiana de notre conduite, le décolleté de nos propos.

C'est si bon de se sentir à l'aise quelque part, d'avoir des logis où la fumée du cigare ne fait pas tousser les maîtres de la maison !

L'indépendance a toujours été le premier besoin de l'homme, comme chez la femme, du reste.

II

La plupart de celles qui rompent avec la société, dite honnête, n'ont souvent pas d'autres raisons.

Elles ont soif de liberté.

Chez la grisette, l'ouvrière ou la fille de

concierge, l'indépendance ne peut s'acheter qu'au prix de leur vertu, elles ne sont pas assez riches pour imiter les filles dotées qui épousent la liberté en prenant un mari.

Elles se conduisent mal pour respirer.

Le besoin d'être libre est tellement développé chez la femme, qu'elle se jette dans les bras du premier venu, sans scrupule.

L'homme est à leurs yeux un geôlier bienfaisant qui leur ouvre les portes de la prison.

La fille pauvre accepte pour sauveur quiconque se présente;

La fille opulente, le premier Monsieur qui la demande en mariage.

III

Cela est tellement vrai, surtout pour les filles à dots, qu'il n'est pas rare de voir une enfant de seize ans prendre un époux rachitique, poussée par le simple attrait de cette perspective : — Je pourrai sortir seule !

IV

Une fille sans trousseau m'a dit un mot, puisé peut-être dans un détail trop prosaïque, mais profondément significatif.

— Ma mère me forçait à mettre un corset; chez moi, au moins, je puis n'en pas mettre.

V

Cela peut sembler invraisemblable, mais bien des filles ont quitté le toit paternel pour avoir le droit d'abandonner leur corset.

Et cela se comprend, le corset est une prison.

Les moralistes ont cherché bien loin la cause de la débauche des femmes.

Elles aiment l'air, voilà tout.

VI

Mais trouvent-elles la liberté dans leur nouvelle existence ?

Cette question renferme à elle seule tous les mystères de la vie demi-mondaine.

Il est extrêmement difficile d'y répondre.

Un jour qu'il pleuvait, que le ciel était gris, que j'étais seule chez moi, je me mis à penser à notre sort actuel et à celui qui nous attendait.

— Nous courons toutes après le plaisir, me disais-je, l'atteignons-nous?

Nous cherchons la liberté, la gaieté perpétuelle, l'insouciance permanente; avons-nous tout cela?

Ne sommes-nous pas plutôt les esclaves du plaisir que ses apôtres? notre gaieté n'est-elle pas quelquefois coupée par des larmes? et, en grattant un peu notre luxe, n'y trouve-t-on pas souvent le mot: misère?

Nous recevons des ordres et nous obéissons, nous pouvons rarement suivre les conseils de notre cœur.

Quand il dit brun, nous disons chauve, — comme c'est gai!

VII

Et puis, quelle est la destinée de nos vieux jours? Une des conditions implacables de notre vie, c'est la jeunesse.

Sans elle, point de salut.

On attend, pour être sévère avec nous, pour nous reprocher nos déréglements, que la vieillesse soit venue.

Qu'est-ce qui a jamais pardonné à une vieille lorette?

Et que deviennent-elles, ces pauvres vieilles? On l'a beaucoup dit, beaucoup chanté, beaucoup dessiné, on ne le dira jamais assez.

Elles deviennent femmes de ménage, ouvreuses de loge ou balayeuses.

VIII

Quand elles n'épousent pas, comme la belle F..., un savetier ressemeleur qui les frappe,

4

les injurie et leur reproche de n'avoir pas su conserver leurs bijoux.

IX

— Avec les larmes que j'ai versées depuis mon départ de chez ma mère, me disait un jour une ouvreuse repentante, on aurait pu combler une vallée.

X

Que deviendrai-je, moi?

Rien de tout cela, certainement.

D'ailleurs, j'ai une célébrité, et la célébrité empêche de vieillir.

Et puis, devenir vieille, c'est bon pour les maladroites.

Je suis parvenue à avoir un nom à dix-huit ans, je trouverai bien moyen d'être jeune à quarante.

Et mon coup de pied, donc!

Et Mané, et les autres...

Quand nous serons tous vieux, sous le prétexte de dire du bien de leur bon temps, ils
me referont une jeunesse.

J'aurai dix-huit ans longtemps, j'en suis
tellement convaincue, que j'ai promis à L...
de danser en 1924 au bénéfice de son ar-
rière-petit-fils.

Elle y compte.

XI

Je regrette déjà l'accès de sensibilité que
je viens d'avoir.

L'air moral ne doit pas m'aller du tout.

J'en suis à me demander pourquoi je viens
d'être aussi sentencieuse.

Et à propos de quoi? En vantant la gaieté de
notre monde, en célébrant ses joies, en chan-
tant son indépendance.

C'est encore la faute de ces gens qui s'a-
musent à confectionner des tirades honnêtes

contre nous. A force de les entendre parler, on finit par les prendre au sérieux.

Bonsoir, je les ai assez vus.

XII

Oui, notre société est la société joyeuse entre toutes.

Les biches sont réellement amusantes.

Leur existence est l'existence la plus folle, la plus échevelée et la plus intelligente qui soit.

Elles dépensent à elles seules plus d'esprit et plus d'habileté qu'il n'en faudrait pour défrayer tout un peuple.

Leurs petites roueries sont plus fortes que les grandes diplomaties des hommes spéciaux.

Elles ont imaginé une foule de moyens pour « s'enrichir » qui feraient leurs réputations s'ils étaient dévoilés.

Amies, dans l'intérêt de votre gloire, laissez-moi en divulguer quelques-uns.

XIII

Dans les bals, par exemple, leur adresse n'a rien d'égal.

Après avoir inventé la fameuse scène du sucre de pomme,

Sucre de pomme fantastique tant de fois acheté et revendu à la marchande,

On aurait pu croire que leur imagination avait dit son dernier mot.

Comme on les connaît peu!

Depuis quelques années elles ont découvert un stratagème qui, à mon sens, vaut cent fois celui du sucre de pomme.

Le besoin... d'un léger besoin.

Quel est le garçon tailleur, l'épicier en noce égaré au bal de l'Opéra qui oserait refuser cinquante centimes à une femme?

Surtout pour les employer comme elle prétend les employer.

Eh bien, grâce à ces cinquante centimes demandés une cinquantaine de fois dans la nuit, les femmes se font par chaque bal une petite rente de quinze à vingt francs.

Cela paye les voitures et les gants.

XIV

Et la grande histoire du cachemire !

Elles arrivent au bal munies d'un châle des Indes soigneusement plié.

Avisant une honnête figure de gandin provincial qui les regarde entrer en ouvrant des yeux hébétés, elles le prient de se charger du dépôt du châle au vestiaire.

L'espoir de Carpentras, heureux de rendre service à des femmes à tournure gracieuse, n'hésite pas à faire ce qu'elles demandent ; il rapporte le numéro.

— Gardez-le-moi, lui dit-on, je crains de le perdre.

Et le gandin garde le numéro, convaincu

que cet acte de confiance contient une multitude de promesses.

A la fin du bal, il est prié de mettre le comble à son obligeance en reprenant le châle, ce à quoi il obtempère avec enthousiasme.

Le châle est rapporté à sa propriétaire, laquelle, à sa vue, jette un cri.

— Mais ce n'est point mon cachemire! dit-elle.

En effet, le provincial rapporte un tartan en haillons.

Désespoir, cris, recherches au vestiaire.

Le malencontreux jeune homme s'arrache les cheveux, rougit et pâlit tout à la fois, d'autant plus qu'on ne le connaît pas, et « qu'il se glisse bien des filous dans les bals. »

La galerie jette déjà des regards soupçonneux sur lui; pris au piége, il ne trouve pas d'autre porte de sortie que d'offrir un cachemire en remplacement.

Ce que la biche accepte après avoir résisté..
deux secondes.

Inutile de dire que, pendant la durée de la
fête, le cachemire a été retiré du vestiaire par
une amie intelligente et remplacé par le tartan en question.

Ce petit tour, qui frise peut-être un peu l'es-
croquerie, est toujours pallié par une récom-
pense pleine de charmes.

On rembourse le provincial,

Comme les femmes remboursent les hommes.

Nota. — Le tour ne réussit pas infailliblement, surtout quand le provincial est un futur
poëte ou un vaudevilliste de l'avenir dont le
gousset est modestement garni.

Dans ce cas-là, on se contente d'un souper
comme indemnité,

Ou d'une paire de jarretières au besoin.

XV

Mais c'est dans la vie privée que les femmes sont vraiment fortes.

Une de mes amies, que je ne nommerai pas pour ne point lui faire de peine, a trouvé un moyen que je qualifie tout simplemement de sublime.

Elle a inventé la LETTRE DE MA MÈRE.

Sur sa cheminée traîne perpétuellement une épître décachetée. Quand on vient la voir elle s'arrange de façon à laisser le visiteur seul avec la lettre.

Si c'est un amant ou un prétendant, il n'hésite pas à s'en emparer, et il la lit.

Pourquoi la lit-il, le malheureux! Cette maladresse lui coûte fatalement plusieurs louis.

La missive est de la mère, laquelle, dans un style pathétique, fait à sa fille le tableau de sa

misère, parle de sa chaumière vendue, de sa
vieillesse et de ses malheurs...

« Tu es bonne pour moi, tu fais ce que tu
peux, dit-elle. Hélas! ce que tu peux ne suffit
pas. — On m'a saisie hier; si je ne paye pas
demain, je serai mise à la porte de ma pauvre
maison.

« Comprends-tu cela? Chassée... forcée à
mon âge de mendier un asile, de demander
peut-être mon pain! Si encore je pouvais me
remettre au travail! mais ma dernière maladie
m'a tellement affaiblie, que ma main tremble,
que mes yeux se troublent.

« Mon Dieu! est-ce qu'il faudra que je
meure de faim? »

Qu'est-ce qui résisterait à un pareil langage?

D'autant plus que la biche fait habilement
sa rentrée avant que le lecteur ait eu le
temps de remettre la lettre à sa place.

Pris en flagrant délit d'indiscrétion, il est

forcé, pour se la faire pardonner, de secourir
« la mère. »

Et quand on pense que cette lettre est co-
piée textuellement dans un drame de M. d'Ennery !

Et il y a des gens qui sifflent quelquefois
ses pièces.

Les ingrats !

CHAPITRE V

Sommaire. — L'origine de mon nom. — Les célébrités d'encouragement.— La théorie du cancan. — La danse des nègres .— Le cancan produit de 1789. — Gavarni. — Ce que je lui dois. — Ce que le cancan demande. — Rigolbocher. — La tarentule des Italiens. — Mes impressions lorsque je danse. — Mes émotions. —Le magnétisme de la musique. — Mes fureurs chorégraphiques. — Les applaudissements du public.

I

Pour justifier mon titre et sous le prétexte de sacrifier aux gens qui veulent tout savoir, racontons de quelle manière j'ai été dotée du surnom de *Rigolboche*.

Cela sera d'autant moins inutile que bien

des personnes croient que Rigolboche est mon nom de famille.

Je me souviens qu'un jour un gandin de la plus belle venue m'a demandé très-sérieusement comment se portait mon père, M. Rigolboche?

II

L'histoire de ce baptème argotique remonte à deux ans.

C'était au Prado, un de mes royaumes. J'y dansais en compagnie de jeunes gens fort distingués qui me suivaient comme une reine et me composaient gratis une brillante escorte.

Leur chef, mon capitaine des gardes, s'appelait C....

Je ne me permets que de donner l'initiale de son nom, car aujourd'hui mon ancien courtisan occupe en province une place gouvernementale, où il doit bien s'ennuyer, le malheureux, surtout lorsqu'il se souvient de son ancienne existence...

C..., puisse ce livre t'apporter quelques distractions et te faire croire pour quelques instants que tu n'as pas encore quitté Paris, la ville de joie !

C'était un bal de nuit, la fête était charmante.

Je venais de danser un quadrille, et, malgré ma modestie bien connue, on avait exigé de moi que je me laissasse porter en triomphe.

Je me reposais au café des fatigues de cette ovation en m'abreuvant de punch.

Les mots pleuvaient, — C..., fort spirituel, — l'est-il toujours ? — obtenait des succès fous.

Notre conversation fut soudainement interrompue par le bruit d'une dispute.

Deux femmes se querellaient dans un coin, on faisait cercle autour d'elles ; — les querelles de femmes ont toujours été un spectacle très-recherché.

Nous courûmes tous prendre part à ce divertissement imprévu.

Ces dames étaient réellement furieuses, elles s'injuriaient à faire frémir ; il était facile de prévoir qu'avant deux minutes elles allaient se prendre aux cheveux.

La dispute avait pour objet l'accaparement fait par l'une d'elles du cœur d'un certain Guguste, amant de l'autre.

Le Guguste en question assistait à la chose, calme et froid, et paraissait très-heureux d'être la cause d'une dissension.

Les Guguste ont toujours été très-fats, surtout au quartier Latin.

La querelle allait son train, les insultes tombaient à verse, on initiait la galerie à une foule de petits mystères dont la révélation la charmait.

Tout à coup le maître de l'établissement,

trouvant sans doute que cet intermède se prolongeait trop, fit irruption dans la salle, accompagné de deux sergents de ville.

A la vue de l'autorité, le cercle s'élargit.

Les agents s'approchèrent du groupe incriminé et cherchèrent à lui rendre le calme en le menaçant du violon.

Jusqu'à ce moment je m'étais contentée de rester simple spectatrice de la chose, et c'est tout au plus si je m'étais permis quelques commentaires; mais, à l'arrivée des sergents de ville, je crus qu'il était de mon devoir de défendre mon sexe et d'empêcher dame Police de s'immiscer dans nos plaisirs.

Je m'avançai en tirant un des agents par le bras.

— Laissez-les donc, m'écriai-je sans doute inspirée, c'est bien plus *rigolboche !*

III

Le mot fut sur-le-champ acclamé...

C*** s'en alla prendre un verre de champagne et, m'en versant quelques gouttes sur la tête.

— Marguerite, me dit-il solennellement, tu viens de créer un mot qui fera fortune, et dont le besoin se faisait généralement sentir. Tu viens d'être plus audacieuse que les membres de l'Académie qui ne savent plus qu'en oublier.

Il est parfaitement juste que ce mot t'appartienne à jamais.

Marguerite la Huguenote, à partir de ce jour, tu t'appelleras *Rigolboche*, pour perpétuer le souvenir de cette soirée linguistique.

Sois fière, tu as été toi-même ta marraine, saluons Rigolboche, mes frères.

La Huguenote n'est plus, noël à Rigolboche !

Et tous, ôtant leurs chapeaux et s'inclinant devant moi, répétèrent ce cri, qui fut suivi de trois hurras.

— Noël à Rigolboche :

IV

Et le nom m'est resté.

V

C'est donc à moi que je dois mon gracieux surnom.

Ce n'est pas la seule chose dont je me sois redevable.

J'ai fait beaucoup pour moi.

Sois tranquille, Marguerite, Rigolboche ne sera pas ingrate !

VI

Mon nom fait, je compris qu'il fallait m'en montrer digne.

A notre époque, on a l'habitude de faire des avances de réputation à de certaines personnes.

On les accable, pour ainsi dire, de gloire préventive, histoire de les stimuler.

On leur donne ce que j'appellerai, moi, une célébrité d'encouragement.

Ce système n'est pas plus détestable qu'un autre quand il s'adresse à des gens consciencieux.

Mais trop souvent il en est qui font faillite.

Paris est plein de gens qui n'ont pas encore payé leur nom et qui ne le payeront jamais.

Ça n'est pas pour moi que je dis cela.

VII

Je crois être quitte avec la gloire.

J'ai beaucoup travaillé pour y arriver.

Sitôt qu'on s'est mis à parler de moi, j'ai voulu être à la hauteur de mon nom.

Sans vanité, j'y suis.

Si même je ne le dépasse, au moins du pied.

VIII

Avant cette soirée, je dansais déjà fort bien.

Mais je dansais sans savoir, par instinct, en me rappelant ce qu'avaient fait les autres.

Je voulus me créer une individualité.

Enfermée dans ma chambre, je compulsais tous les livres qui parlaient du cancan.

D'une force estimable sur la pratique, je cherchais à me compléter par la théorie.

Ces études me prirent six mois.

Aujourd'hui, mon érudition chorégraphique rendrait des points à celle de M. Mérante lui-même.

IX

Le cancan n'a qu'un seul synonyme : la rage.

Les savants, qui cherchent des étymologies

partout, ont prétendu que le cancan dérivait de la danse des nègres.

C'est une erreur, les nègres gesticulent, mais ils ne cancanent pas.

Le cancan est un pas essentiellement français. Il arrivera à être la danse nationale.

C'est la fantaisie parisienne matérialisée.

X

Le cancan néglige, dédaigne et repousse tout ce qui peut rappeler la règle, la régularité, la méthodique.

Un esprit libéral, de mes amis, affirme que le cancan est, lui aussi, un produit de 89.

En effet, c'est avant tout une danse libre.

XI

Gavarni, — notre peintre d'histoire, — en a fourni quelquefois avec le crayon une image assez complète.

Je dois avouer que j'ai puisé chez lui cer_
taines attitudes.

J'ai voulu réaliser ses rêves.

Ai-je réussi ?

XII

Pour danser le cancan il faut un tempérament à part, un esprit exceptionnel : il faut
que le moral du danseur soit aussi fantaisiste
que ses jambes ; car il ne s'agit pas là de re-
produire telle ou telle chose convenue, ré-
glée.

Il faut inventer et créer, — créer instantanément.

Il faut, pour ainsi dire, que la jambe
droite ignore ce que fait la jambe gauche.

XIII

A un moment donné, et sans savoir pourquoi, il faut être sombre, mélancolique et

fatal, puis soudainement devenir fou, rageur et délirant.

Être au besoin tout cela à la fois.

Se montrer triste et échevelé, sérieux et furibond, indifférent et passionné.

Rigolbocher enfin.

XIV

Les Italiens, dit-on, ont inventé les piqûres de la tarentule, les gesticulations qui s'ensuivent se rapprochent assez du cancan.

Mais ce n'est pas encore cela.

XV

Le cancan est tout ou rien : c'est un monde ou un hameau, une tragédie ou une chansonnette.

C'est le délire des jambes.

XVI

Je ne puis, moi, le juger que sur mes propres impressions.

Lorsque je danse, je suis prise d'une sorte d'accès de folie qui me fait tout oublier.

Le cancan est pour moi une volupté.

Cela est tellement vrai, que j'ai des émotions avant d'entrer en scène ou dans un bal.

Le cœur me bat comme s'il s'agissait d'un début solennel, et, en effet, chaque soir je débute.

J'ignore toujours une seconde auparavant ce que je ferai tout à l'heure, et je me prépare au combat.

J'engage une bataille vis-à-vis de moi-même.

Je lutte contre mes instincts banals.

Je crains d'être ordinaire et de manquer d'inspiration.

J'ai peur de moi.

XVII

Ce n'est pas de la modestie, c'est de l'in-
quiétude, sentiment qui disparaît du reste aux
premiers accords de l'orchestre.

Alors je m'immobilise et je laisse la musique m'envahir et m'envelopper.

Pendant quelques instants je la respire et
la hume.

Puis je sens que, petit à petit, elle m'entre
dans les veines par les yeux, par la bouche,
par les oreilles.

Lorsque je suis pour ainsi dire imprégnée
de mélodie entraînante, j'éprouve comme un
frémissement général.

Les notes m'arrivent pressées, confuses ;
elles m'envahissent en furieuses.

C'est là que commence la lutte.

Je sens ma raison se débattre et s'envoler,
idée par idée, sous cette pression.

J'éprouve les mêmes tressaillements et les mêmes · douleurs que la somnambule qu'on magnétise.

La musique se condense dans ma poitrine et me monte au cerveau comme les fumées du champagne.

A la dernière note de la ritournelle je suis grise.

Alors c'est une furie qui n'a rien d'égal.

Mes bras ont le vertige, mes jambes sont folles.

Il me faut le mouvement, le bruit, le vacarme, c'est comme un frémissement qui me monte des pieds à la tête.

Tout semble s'agiter autour de moi, les décors, les meubles et les lumières.

On dirait que tout cela s'entend pour m'envoyer des passes musicales.

A ce moment-là, un mur se présenterait devant moi, que je me sentirais la force de passer au travers.

XVIII

J'aime les applaudissements du public, non pas parce qu'ils flattent mon amour-propre, mais parce qu'ils font du bruit.

Je voudrais, quand je danse, que le tonnerre tombât, que les maisons s'écroulassent!

Je voudrais un bruit à effrayer les plus braves.

Le bourdon de Notre-Dame, un tremblement de terre, le jugement dernier!...

— Ohé!

CHAPITRE VI

Sommaire. — Le Casino Cadet. — Ma prime. — *Scènes dialoguées*. — Alida Gambilmuche. — Alice la Provençale. — Marguerite la huguenote et l'*Indépendance belge*. — Les femmes célèbres. — Les portraits de mesdames de Sévigné, Girardin et autres. — Alice la Provençale, choriste aux *Délassements-Comiques*. — Rosalba. — Cancan. — Nini Belles-Dents. — Son bonnet, les moulins et ses chapeaux. — Pourquoi elle met de côté. — Hortense. — Ernestine. — Charles le danseur. — Chopart dit l'aimable.

I

Tout le monde sait que je suis une des habituées les plus assidues du Casino-Cadet et des salons de Markouski.

Qu'est-ce qui ne connaît pas le Casino-Cadet ?

Ce palais de la chorégraphie fantaisiste et du langage élégant?

Tout Paris y va.

Nonobstant je vais me permettre d'en donner quelques détails.

Cela rentre dans mes attributions.

II

Soyez donc assez bon, cher lecteur, pour me suivre dans cette oasis aristocratique, vous n'aurez pas besoin de payer votre place, mes cavaliers ont leur entrée.

C'est ma prime.

LE CASINO CADET

DIALOGUE PRIS SUR LE VIF.

UN PROVINCIAL. C'est gentil, ici. — Qu'est-ce

qui croirait jamais que c'est un bal public;
c'est plus joli que notre mairie.

ALIDA, jeune nymphe sur le point d'atteindre sa
deuxième majorité. Il n'y a pas encore grand
monde, je ne vois personne de connaissance,
et j'ai déjà soif.

UN HABITUÉ, à son ami. Parole d'honneur!
tu n'es jamais venu ici, toi?

L'AMI. Parole d'honneur!

L'HABITUÉ. C'est drôle? Où donc passes-tu
tes soirées?

L'AMI. Dans ma famille.

L'HABITUÉ, avec intérêt. Pauvre garçon!

L'AMI. Les femmes célèbres sont-elles déjà
venues?

L'HABITUÉ. Pas encore. Je crois cependant
avoir aperçu Alice la Provençale.

L'AMI. Qu'est-ce que c'est qu'Alice la Provençale?

L'HABITUÉ. Ah ça! mon cher, tu ne connais donc rien?

Alice la Provençale est une charmante demoiselle qui danse presque aussi bien que Finette, qui fait trembler la gambilmuche, et que Marguerite la huguenote salue comme une collègue.

L'AMI. Ah! Marguerite la huguenote? je la connais; on en parle dans l'*Indépendance belge*, même que cela scandalise ma mère. Est-ce qu'elle n'est pas un peu la maîtresse de ce *Mané?*

L'HABITUÉ. On dit que c'est son oncle.

L'AMI. C'est donc cela? — Est-ce qu'elle va venir?

L'HABITUÉ. Sois-en convaincu. Les bals du Casino ne pourraient pas avoir lieu sans elle...

L'AMI. Danse-t-elle vraiment bien?

L'HABITUÉ. Comme un ange [1].

---

[1] Je prie le lecteur de remarquer que ce n'est pas moi qui parle — en ce moment. Je ne suis qu'une simple historienne qui sacrifie même sa modestie à la vérité. (*Note de l'auteur.*)

Les deux amis, tout en causant, arrivent dans la salle des portraits.

L'AMI. Quelles sont ces femmes? Les célèbres danseuses dont nous venons de parler, probablement. Décidément ce bal est très-galant; il est entièrement dédié aux dames.

L'HABITUÉ. Merci, pour ces portraits... ces dames sont mesdames Sévigné, de Girardin, etc. — Tu les flattes!

L'AMI. Tiens! c'est vrai.

L'HABITUÉ. C'est heureux que tu aies dit cela tout bas, on se serait moqué de nous.

L'AMI. Qui ça?

L'HABITUÉ. Les habitués.

L'AMI. C'est cela qui m'est égal, que ces messieurs et ces dames se moquent de nous...

L'HABITUÉ. Oui, mais ça ne l'est pas à moi... Tiens! voilà Alice. — Veux-tu que je te la présente?

L'AMI. Je n'y tiens pas.

L'habitué. Si, laisse donc faire, faut connaître tout le monde... — (Appelant) Eh! Alice !

Alice la provençale. Qu'est-ce qu'il y a?

L'habitué. Monsieur qui voulait te voir de près.

L'ami, confus. Mademoiselle, je...

Alice. Il est vilain, ton ami. — Monsieur ne vient pas souvent ici, n'est-ce pas?

L'ami. C'est la première fois, et je suis heureux, pour une première visite, de...

Alice. Payes-tu quelque chose?

L'ami. Avec plaisir; c'est me faire beaucoup d'honneur, certainement, car...

Alice. As-tu fini tes manières.

Ils s'installent dans les galeries qui servent de café.

Alice. Vois-tu, mon petit, ici faut te déshabituer de parler comme tu parles... C'est pas convenable, ça humilie les autres.

L'ami. Mais je ne parle pas mal, je crois...

ALICE. Comment que tu t'appelles ?

L'ami rougit et ne répond pas.

— Tu ne veux pas le dire, — ça m'est égal... Tu viens en incognito; est-ce que tu es marié ?

L'AMI. Pas encore.

ALICE. Tu l'es! je vois ça... Eh bien! mon petit, faut amener ta femme ici, ça la formera...

L'HABITUÉ. Quant à cela, le Casino-Cadet est excellent pour les éducations.

ALICE. Oui, on y prend de l'aplomb. Tiens, moi qui te parles, il y a six mois, avant de venir ici, j'étais plus bête qu'une bouteille vide. — J'étais choriste aux Délassements-Comiques, et j'avais des émotions au moment d'entrer en scène. Des bêtises de jeune fille à marier, quoi! Maintenant, je jouerais des rôles à M. Mélingue, si on me le demandait.

L'AMI, bas à l'habitué. Quelle drôle de fille !

L'HABITUÉ. N'est-ce pas ? j'en suis fou.

ALICE, regardant dans la salle. Tiens, voilà Alida Gambilmuche, Rosalba et Nini. Les voilà toutes !... Ohé !

Se penchant sur la balustrade.

— Bonjour, mes sœurs.

ALIDA, d'en bas. Salut, Alice ; est-ce que tu consommes, là-haut ?

ALICE. Ce que je veux. Je suis avec un nouveau.

ALIDA. Je monte, alors.

ALICE, à l'ami. Çà t'est égal, mon vieux, qu'Alida vienne se rafraîchir avec nous ?

L'AMI. Au contraire, et je suis enchanté...

ALICE. T'es toujours enchanté, toi, tu ne vivras pas longtemps.

ALIDA, arrivant. Bonjour, messieurs et la compagnie. — Garçon, de la bière !

L'AMI. C'est de la bière que vous voulez

prendre, vous ne préférez pas plutôt une glace ?

ALIDA, le regardant. Monsieur n'habite pas Paris ?

L'AMI. Pourquoi me demandez-vous cela ?

ALIDA. Pour rien. — Garçon, donnez-moi des échaudés alors, et de la bière anglaise.

L'AMI. C'est vous qu'on nomme Alida ?

ALIDA. Oui, monsieur, Alida Gambilmuche, de mon nom de bal.

L'AMI. Vous êtes danseuse ?

ALIDA. Par vocation, oui, monsieur.

L'AMI. Il y a longtemps que vous venez ici ?

ALIDA. Depuis la fondation. — Monsieur est juge d'instruction ?

L'AMI. Je suis négociant.

ALICE. Fais pas attention, ma fille, monsieur ne connaît pas le Casino-Cadet, et il cherche à s'instruire.

ALIDA. Monsieur veut étudier les mœurs,

comme... Eh bien, mon fils, on va te les faire connaître. Ça t'est égal que je te tutoie? ça me gêne de dire vous !...

L'AMI. — Tutoyez-moi... je n'y vois pas d'inconvénients.

ALIDA. — Il est très-gentil : mon petit, tu es très-gentil. Or, jeune homme, puisque tu tiens à savoir à fond le *Casino-Cadet,* suis bien mon raisonnement. Je vais t'en montrer les habitants et les habitantes. — Tu vois bien là-bas cette demoiselle qui a l'air d'une femme chic, c'est Rosalba-Cancan, une charmante fille qui danse ledit cancan comme personne : excepté Marguerite la huguenote, qui en est la reine. Ne fais pas la bêtise de me demander des détails sur sa vie privée, je ne dis jamais de mal de mes camarades. Celle qui est en face, c'est Nini belles-dents. Inutile de te dire pourquoi on l'a appelée ainsi, ton intelligence te le fait deviner; c'est une dame très-bien, qui a jeté son bonnet par-dessus les moulins et qui court après depuis ce temps-là en chapeau à cinq louis. — On dit qu'elle est très-bien dans ce moment-ci, qu'elle demeure dans du palissandre bon teint et qu'elle place de l'argent. — Elle économise et tient beaucoup à se faire des rentes.

L'AMI. — Elle a raison.

ALIDA. — Ça dépend des tempéraments. — Son amie, c'est Hortense, — Hortense la riche, comme on la nomme ici. — Elle nage dans les billets de banque, mais elle jette l'or par les fenêtres. Les mauvaises langues assurent qu'un joli jeune homme fait pied de grue sous sa croisée, histoire de recueillir les louis qui tombent, mais je n'en crois pas un mot : — le temps de ces messieurs-là est passé. On reçoit, mais on ne donne plus, c'est devenu mauvais genre.

L'AMI. — C'est horrible, du reste.

ALIDA. — Ça dépend encore des tempéra-

ments. — Enfin celle qui arrive en faisant sa
tête, c'est Ernestine. autre femme dans l'ai-
sance. — Elle a été longue à faire fortune ;
mais elle a tellement fait des pieds et des
mains, qu'aujourd'hui elle ne se ferait pas
couper une mèche de cheveux pour dix mille
francs.

L'AMI. — Mais alors toutes ces dames sont
riches.

ALIDA. — Toutes, ah ! bien oui ! — dans le
pétrin, plutôt. — D'abord il y a moi, Alice
que voici, et le restant. — Nous courons
toutes après les billets de mille, mais ces
gueux-là courent plus vite que nous.

L'AMI. — Quel est ce monsieur qui donne le
bras à Rosalba ?

ALIDA. — C'est Charles le danseur, — une
réputation mâle du bal, — un Brididi rajeuni.
Il danse bien, mais il a trop d'orgueil, il se
croit aussi célèbre que Rigolboche, c'est ce
qui lui fait du tort.—L'autre, c'est Chopart,

dit l'aimable, un bon garçon, celui-là, qui saute comme une sauterelle et qui n'en est pas plus fier pour ça.

L'AMI. — En somme, tout cela est très-amusant.

ALIDA. — Je te crois. — C'est pour cela que nous y venons tous, et que le Casino-Cadet gagne des millions. Sur ce, mon vieux, je te laisse... Voilà un quadrille, je vais me l'offrir, — à moins que tu ne veuilles me servir de cavalier.

L'AMI. — Merci, je ne sais pas danser.

ALIDA. — Alors, au plaisir de te revoir. — Viens-tu, Alice?

ALICE. — Voilà. — (Saluant.) — Messieurs.

L'ami répond à ce salut par une respectueuse révérence. — Une fois ces dames parties, l'habitué prend le bras de son ami.

L'HABITUÉ. — Eh bien! qu'en dis-tu?

L'AMI. — Je dis que c'est charmant et que je suis enchanté d'y être venu...

L'HABITUÉ. — N'est-ce pas ?

L'AMI. — Pour n'avoir plus à y revenir.

CHAPITRE VII

Sommaire. — Markouski. — Ses salons. — Ce qu'il est parvenu à en faire. — Sa gravité. — L'appréciation de Finette sur lui. — Son amour pour les journalistes. — Markouski chasseur de réclames. — Le plastron des vaudevillistes.—Gil Perez et Lambert Thiboust acharnés à sa personne.—Ce qui console Markouski. — Sa manie. — « Le supporteur d'adversité. » — Une histoire vraie. — Un mardi raté. — Des Russes attendus. — Une recette de dix-sept francs cinquante. — Désespoir de Markouski. — Arrivée d'étrangers de distinction. — Départ de Gil Perez. — Trois hommes comme il faut. — L'air morgue de Markouski. — Son orgueil. — La retraite des invités. — Les goûts de Markouski contre ceux de Gustave Claudin. — Causerie intime. — Rigolo, terme espagnol.—Les fêtes à l'eau de Cologne. — Le soleil. — Transformation des Russes en gardes du commerce. — Pourquoi Markouski ne cause plus avec ses invités à partir de quatre heures. — Moi. — Mes succès dans les bals. —Mon envie d'entrer au théâtre.—Henri Delaage.—

Arthur Delavigne. — *Folichons et Folichonnettes.* — Les *Délassements-Comiques.*

I

Les salons de Markouski sont tout aussi joliment fréquentés.

La partie féminine est la même qu'au Casino-Cadet.

Disons pourtant à l'honneur du célèbre Polonais que la tenue y est moins débraillée et le langage plus circonspect.

Markouski fait tout ce qu'il est humainement possible pour rendre son bal aristocratique.

Jusqu'à présent il n'est parvenu qu'à le rendre amusant.

II

C'est déjà quelque chose.

III

Markouski est l'être le plus jovial de la terre.
— Il est le seul de ses salons de la rue Buffaut qui soit réellement digne d'étude.

Parler de lui, c'est parler de sa maison.

IV

Tout le monde sait que ce professeur émé-
rite est le Polonais le plus polonaisant de toute
la Pologne.

Son accent tudesque est la chose la plus ré-
jouissante du monde.

Sa gravité et l'importance qu'il croit avoir
ferait rire un croque-mort.

Il se prend au sérieux.

— Il est gentil, Markouski, a dit Finette
dans son appréciation sur lui, mais il croit
trop que c'est arrivé.

V

Il adore les journalistes et se couperait un doigt plutôt que de les mécontenter.

Il les inonde d'invitations, de prévenances et de soins.

Dans le but très-habile de se faire faire des articles élogieux.

C'est un chasseur de réclames.

Et cela lui réussit.

On parle presque autant de lui que de moi.

VI

Il n'est pas d'homme à Paris dont on se moque plus que de Markouski.

Il est le plastron de tous les vaudevillistes. Il a l'esprit d'en rire et ne se fâche jamais.

Les médisants soutiennent qu'il ne comprend pas.

VII

Gil Perez, le joyeux comique du Palais-Royal, est le plus acharné après sa personne.

Gil Perez a trouvé plus de plaisanteries sur lui qu'il n'en faudrait pour ridiculiser une armée entière.

Et Markouski adore Gil Perez.

— Il m'envoie du monde avec ses farces, — dit-il, — laissez-le dire.

VIII

Une des manies de ce professeur polonais est de se plaindre perpétuellement.

— Je lutte contre la misère, est son mot favori. Gil Perez l'a appelé « le grand supporteur d'adversité. »

I X

On raconte une foule d'histoires sur lui.—
Je ne veux pas me faire l'écho de ces calomnies et médire de celui qui m'a accueillie lorsque je n'étais rien.

Cependant je puis raconter la fameuse
aventure des gardes du commerce.

Markouski la raconte lui-même partout, et
dernièrement, devant moi, il est venu prier
un journaliste d'en faire une nouvelle à la
main, en prenant soin de mettre son nom en
toutes lettres.

J'ai dit plus haut qu'il adorait les réclames.

X

C'était un mardi, — jour de réception, —
les invités s'étaient fait attendre, comme cela

arrive quelquefois, quand le vent n'est pas de son côté.

A une heure, les salons se composaient simplement de ces sept ou huit jeunes danseuses qui reçoivent un cachet de deux francs par nuit pour « ornementer » ces fêtes.

Markouski était sombre. — Les entrées de faveur seules avaient donné. — On attendait une société de Russes, qui ne venait point.

Gil Perez le suivait en lui criant :

— Polonais, Polonais, tu as tort de compter sur l'appui de la Russie. — Elle ne peut que t'oppresser et non t'apporter ses roubles.

Deux heures allaient sonner, et la recette se montait à dix-sept francs cinquante.

— Vous voyez, je lutte, disait Markouski avec des sanglots dans la voix, j'agrémente mes salons de fleurs. Je mets de l'eau de Cologne partout, j'ai des gants et je succombe !...

Tout à coup un mouvement se fit à la porte, le contrôleur vint tout joyeux parler à l'oreille de Markouski, dont le front se dérida.

— Ce sont mes Russes, fit-il; enfin!

Et il se dirigea vers son contrôle, où trois hommes modestement vêtus demandaient, le chapeau à la main, ce qu'il fallait payer pour entrer.

Markouski se confondit en salutations, et se montra entièrement réservé.

Moyennant deux louis, les trois visiteurs furent introduits.

Il les conduisit aux galeries, leur fit admirer ses salons et prit un air morgue.

Quand Markouski prend un air morgue les habitués disent: La recette va bien.

Gil Perez s'en alla.

XI

Les trois inconnus que le professeur s'obs-

tinait à appeler « ses trois hommes distingués » passèrent toute la nuit à boire et à danser.

Markouski, qui ne les quittait pas des yeux, constatait avec joie qu'ils s'amusaient étonnamment.

Les dames furent adorables; l'orchestre, — un piano et un violon, — joua ses danses les plus entraînantes.

— C'est une des plus jolies fêtes que j'aie données, s'exclama Markouski dans un moment d'orgueil bien légitime.

XII

Vers quatre heures, l'on commença à songer à la retraite, tout le monde s'en alla, les uns avec leurs femmes, les autres avec celles de leurs amis, ceux-là comme ils étaient venus.

Seuls, les trois hommes distingués ne firent pas mine de partir.

— Faut-il qu'ils soient contents, disait Markouski en lui-même. — Je parierais mes gants contre ceux de M. Gustave Claudin, mon habitué panacheur, — qu'ils reviendront samed avec toute leur famille.

A quatre heures et demie, le besoin d'éteindre le gaz et d'aller se coucher se fit sentir dans le cœur du professeur.

— Diable, fit-il cétte fois en aparté, est-ce qu'ils veulent coucher ici?... C'est que je n'ai qu'un lit.

Et, prenant son air mielleux et son ton poli affecté « aux étrangers de distinction, » il s'approcha de ses trois Russes, et, convenable comme un gentilhomme :

— Ces messieurs savent que c'est fini, leur dit-il, le jour va paraître, et je ne puis, par ordonnance de police, dépasser cinq heures du matin.

L'un des trois visiteurs se détacha, s'en fut regarder à la fenêtre, et dit :

— C'est juste, nous allons partir, — mais nous reviendrons, car on s'amuse beaucoup chez vous.

— Ces messieurs me flattent, dit Markouski les yeux pleins de larmes...

— Non pas... C'est très-rigolo, ici...

— Rigolo, pensa Markouski, ce sont des Espagnols... et moi qui les avais pris pour des Russes. — Je préfère cela... Les Espagnols sont plus comme il faut.

— C'est samedi, votre nouveau bal?

— Samedi prochain. — Les mardis et les samedis grandes fêtes à l'eau de Cologne... Vous avez vu comme c'était bien composé; eh bien, c'est encore mieux que cela le samedi... Je ne reçois que des princes, des barons et des journalistes. Ces messieurs sont nobles?

— Par les femmes, oui, m'sieu Markouski...

— Vous en avez bien l'air. — On voit tout de suite que vous êtes des personnes distinguées.

XIII

La conversation dura sur ce ton pendant une demi-heure.

Markouski ne songeait plus au sommeil. — Je tiens peut-être des bailleurs de fonds, pensait-il.

A six heures, le jour parut. Le soleil entra par les fenêtres et fit pâlir le gaz.

— Voilà le soleil, fit l'un des trois visiteurs.

— Le soleil, parfait.

Et alors l'inconnu se retourna vers Markouski, et, changeant instantanément de ton et d'allure :

— Vous êtes monsieur Markouski, lui dit-il.

— Certainement, j'ai déjà eu l'honneur de l'apprendre à ces messieurs.

— Eh bien, cher monsieur Markouski, en vertu d'un jugement rendu par le tribunal de commerce le mois dernier, en dernier ressort, je vous arrête... Veuillez nous suivre dans la maison pénitentiaire de Clichy.

XIV

Inutile de dire que le chorégraphe polonais ne resta prisonnier qu'une heure.

Son associé vint le rendre à la liberté et à ses cours.

Mais, depuis ce temps, Markouski ne cause plus avec ses invités passé quatre heures.

. . . .

Or, pendant plus d'un an, je dansais au Casino et rue Buffaut.

Or, à partir du moment où je m'étais mise « sérieusement à étudier mon art, » je dansais au Casino et rue Buffaut avec un entrain et un succès sans égals.

Mes admirateurs me conseillaient déjà d'entrer au théâtre.

Ils m'y prédisaient des triomphes.

J'étais assez de leur avis, mais l'occasion manquait.

Elle se présenta sous les traits d'Henry Delaage, le fils de mademoiselle Lenormand.

Tout le monde connaît Henry Delaage comme Henry Delaage connaît tout le monde.

C'est un charmant et spirituel garçon qui doit avoir entre cent ou cent cinquante ans, et qui n'en paraît que trente.

Il n'a qu'un seul défaut, c'est de faire des compliments à tous ceux à qui il parle.

Mais je crois qu'il le fait par timidité ou par habitude.

Cette habitude est si forte, que je suis convaincue qu'il doit, en rentrant chez lui le soir,

féliciter son concierge sur sa façon de lui tirer
le cordon

XV

Je le rencontrai un soir aux Italiens. — Il
commença par me flatter sur ma danse, ma
toilette, mes cheveux, ma tenue, et finit en
me proposant d'entrer aux Délassements.

Un de ses amis, — Arthur Delavigne, — y
faisait répéter une pièce : *Folichons et Folichonnettes*, dans laquelle on voulait interca-
ler un quadrille de canotiers, lequel quadrille
réclamait le concours d'une danseuse de
qualité.

J'acceptai avec empressement.

Le lendemain, il me présenta à M. Sari,
qui m'engagea sur-le-champ.

XVI

Me voici arrivée à l'époque la plus joyeuse de ma vie,

A mon séjour aux Délassements-Comiques. — Mais ce théâtre, par ses allures, ses mœurs à part, mérite une étude spéciale.

Je ne crois pas être mal inspirée en lui consacrant quelques lignes.

D'ailleurs, depuis quelque temps surtout, il a pris une telle importance, il touche par tant de côtés à l'histoire du monde parisien, qu'il ne peut pas être passé sous silence dans un livre qui s'appelle : les *Mémoires de Rigolboche*.

CHAPITRE VIII

Sommaire. — Ce que sont les Délassements-Comiques aux autres théâtres.— L'air qu'on y respire.— M. Sari, le directeur. — Son caractère. — Ce qu'il est arrivé à faire dans ce théâtre. — Ce qui l'étonne lui-même. — Une idée à lui. — Où il est réellement fort. — Un mot d'Oscar le régisseur. — Le magnétisme de Sari. — Ces dames. — De quoi se compose la troupe féminine. — Mademoiselle Anna et le Panthéon. — Mademoiselle Henriette. — Mademoiselle Leroyer. — Les deux nouvelles sœurs Lyonnet. — Mademoiselle Mélanie. — Mademoiselle Clémentine. — L'objet de son ambition. — Elmyre Paurelle. — Marie Paurelle. — Un mot d'une vieille biche. — Mesdames Rose, Gérard et Flore. — Pourquoi je ne parle point de leur vie privée. — La vérité sur leur moralité.

I

Les Délassements-Comiques, ou plutôt les Délass' Com', pour parler correctement, sont aux autres théâtres parisiens ce qu'est le quartier Latin au faubourg du Roule.

C'est le théâtre bohème par excellence, l'insouciance et le sans-façon y règnent perpétuellement.

Ce qui s'y passe, ce qui s'y dit, ce qui s'y fait, ne se passe, ne se dit, et ne se fait nulle part.

La gaieté parisienne semble s'être réfugiée là.

On y rit du matin au soir.

Depuis le directeur jusqu'au garçon de théâtre, tout le monde fait des mots.

Les pompiers mêmes sont spirituels.

II

Ce qu'on dépense dans ce théâtre d'intelligence, d'esprit et de bonne humeur, suffirait à la gloire de vingt petits journaux.

L'air qu'on y respire anime et étourdit.

— Les Délass', a dit mademoiselle Mélanie, c'est le seul endroit joyeux de Paris.

Mademoiselle Mélanie a dit juste — une fois par hasard.

III

Cette gaieté perpétuelle, c'est Sari qui l'introduit.

Il est non-seulement le directeur de son théâtre, mais il en représente la joie.

Homme charmant, bien élevé, ses manières sont élégantes et polies. Son langage est petillant et spirituel.

Je suis depuis un an sa pensionnaire, je ne me rappelle pas l'avoir vu triste une heure.

Artiste jusqu'au bout des ongles, il a su faufiler un peu d'art au boulevard, rien qu'avec sa mise en scène, ses costumes et ses décors.

Les tours de force qu'il a accomplis depuis qu'il dirige ce théâtre sont fabuleux.

Dans une salle grande comme une commode, sur une scène profonde et machinée comme une boite de bonbons, il est parvenu à faire représenter, d'un bout de l'année à l'autre, des pièces en vingt tableaux, avec vingt changements à vue, cent rôles et deux cents costumes ; et tout cela sans le secours du moindre bâilleur de fonds.

Enfin, — et cela semblera le dernier mot de l'intelligence directoriale, — il est arrivé à y gagner de l'argent.

Il en est stupéfait lui-même

IV

Je me souviens qu'un soir, à l'issue d'une première représentation qui avait grandement marché, il lui passa par la tête un désir étrange.

— J'ai envie, disait-il, maintenant que la pièce est finie, de prier le public de venir processionnellement examiner mes coulisses, la place qu'occupent mes décors, les cahutes où s'habillent mes acteurs et mes actrices, de causer avec eux et avec elles, de juger par lui-même des innombrables difficultés qu'il a fallu vaincre pour arriver simplement à donner cette représentation ; je suis convaincu qu'au lieu d'un succès il me ménagerait un triomphe.

Il avait parfaitement raison.

Si l'on savait tout ce qu'il faut d'intelligence, d'adresse et d'habileté pour faire manœuvrer ce monde de machinistes, de figurants, de femmes et de régisseurs, dans un si petit espace et avec si peu de ressources, on crierait au miracle.

Moi, j'ai toujours eu dans l'idée que Sari était sorcier.

V

Où il se montre réellement fort, c'est avec ses actrices.

On a comparé sa troupe féminine à une compagnie de discipline.

Jamais on n'a trouvé de définition plus juste.

Ces dames — mes douces compagnes — sont les êtres les plus indomptables de la création.

Leurs amours-propres, leurs occupations, leurs inexactitudes, leurs arguments, useraient la patience d'une armée d'archanges.

Pour obtenir d'elles qu'elles viennent exactement aux répétitions, qu'elles n'abandonnent pas leurs rôles en cours de représentation, il faut être de la force de dix-huit diplomates.

Et il obtient tout cela sans cris, sans colère, sans paroles dures.

En les payant fort mal et quelquefois en ne les payant pas du tout.

Oscar, le régisseur général, un brave homme de l'ancienne école, n'en revient pas encore.

— Il a un secret pour sûr, dit-il à chaque instant.

VI

J'avoue que je suis un peu de l'avis d'Oscar, je crois que Sari les magnétise; quand il se présente, quand il parle, la plus indomptée baisse la tête, devient douce comme un agneau et fait de la morale aux autres.

VII

Et tout cela se fait en riant, en plaisantant au milieu d'un feu d'artifice de mots.

VIII

La troupe féminine du théâtre se compose

d'une vingtaine de dames recrutées un peu partout.

Bien malavisé serait celui ou celle qui tenterait de faire des recherches dans leur origine ou dans leur passé.

En tête, se présentent par rang d'ancienneté, mesdemoiselles Anna, Henriette et Mélanie.

Anna est une charmante fille qui joue ce qu'on appelle aux Délassements les « colonnes, » c'est-à-dire tout ce qui est majestueux et monumental.

Supposez qu'un auteur fasse du Panthéon un personnage.

Anna fera infailliblement le Panthéon.

Elle chantera le rondeau obligé sur les grands hommes, s'y fera applaudir par la claque, qui ne comprendra pas et se retirera mystérieusement sans dire mot.

Anna est la plus fidèle pensionnaire de M. Sari. Si toutes ses compagnes lui ressemblaient, M. Harel (le jeune) suffirait à conduire le théâtre.

Des mauvaises langues ont voulu insinuer qu'Anna datait de la fondation des Délassements.

Si cela est vrai, le théâtre est bien jeune ou elle est bien conservée.

J'en connais beaucoup qui la trouvent fort jolie.

Il est vrai que les gandins de la salle ont renoncé à lui faire la cour.

Ils la voient peut-être depuis trop longtemps.

Pourtant nul ne songe à la plaisanter ni à rire d'elle.

D'ailleurs, chacun sait qu'elle est d'une sagesse exemplaire, et qu'elle ne tromperait pas son amant pour un mobilier en bois de rose.

C'est une femme qui a des principes.

Clémentine l'appelle la femme honnête des Délassements.

IX

Henriette tient à peu près l'emploi de la précédente : toujours les colonnes.

Quelquefois elle varie, on l'a vue jouer des compères dans les revues. Elle chante juste, a beaucoup d'acquit et porte les costumes comme personne.

Elle est le portrait frappant de mademoiselle Leroyer des Folies-Dramatiques.

Ce sont les deux sœurs Lyonnet du boulevard du Temple.

X

Mélanie joue les Desgenais femelles. Elle lance le mot comme Félix, et débite les tirades comme Dupuis du Gymnase. Elle est très-aimée des habitués.

Je ne sais pas si elle les paye de retour.

Sa distinction naturelle est un de ses principaux éléments de succès.

A trois pas, on parierait pour une duchesse qui s'encanaille; de près c'est mademoiselle Mélanie.

Elle a la gaieté d'une grisette de Paul de Kock et l'esprit d'un bohème d'Henry Murger.

Elle rit perpétuellement.

Le rire, chez elle, est passé à l'état de manie, elle rit en mangeant, en jouant, en pleurant.

Ses jolies dents l'excusent.

XI

Mademoiselle Clémentine, dont il a déjà été fait mention, est de création plus nouvelle.

Elle n'a qu'un an de Délassements.

A l'entendre et à la voir, on jurerait qu'elle en a dix.

Son talent comme actrice est déjà fort agréable.

Mais son caractère, dans la vie privée, pallie ces heureuses dispositions.

L'amour-propre la perdra.

C'est elle qui suppliait un jour quelqu'un de se battre en duel pour ses charmes.

— Ça me posera, disait-elle, j'ai besoin qu'on parle de moi, et puis toutes les jolies femmes doivent avoir dans leur vie à se reprocher au moins la mort d'un homme.

Jusqu'à présent, mademoiselle Clémentine n'a heureusement aucun reproche à se faire de ce côté-là.

Pas même d'être la c use d'une simple indisposition.

XII

Les sœurs Paurelle, Elmyre et Maria, sont entrées en même temps que M. Sari.

Elmyre est une petite comédienne d'un grand avenir.

Elle a la tête la plus jolie du monde, mais, à l'instar de Clémentine, elle s'est fabriqué un caractère détestable

Elle a l'allure d'une enfant et l'esprit d'une vieille femme.

Mélanie soutient qu'elle a soixante-dix ans quand elle est seule.

Maria est plus douce, mais son avenir théâtral est moins certain.

Cependant elle a de la bonne volonté.

Mais la bonne volonté, comme disait une ancienne biche de mes amies, c'est insuffisant. Ça ressemble à la monnaie des amants de cœur.

XIII

Rose, Gérard, Flore, et les quinze autres, n'ont aucun côté bien saillant.

Elles jouent ce qui se trouve, par amour du théâtre ou pour leur plaisir.

Quant à leur vie privée, je m'empresserai de n'en point parler.

J'aurais trop peur que ce que j'écris aujourd'hui manque d'actualité dans huit jours.

En somme, les actrices des Délassements composent une troupe charmante, pleine de jeunesse, de zèle et d'intelligence.

Les habitués les croient beaucoup plus folâtres qu'elles ne le sont.

Toutes se tiennent.

En les accablant d'œillades et de poulets incendiaires à brûle-pourpoint, on fait plus que de les traiter légèrement.

On les calomnie.

CHAPITRE IX

SOMMAIRE. — Encore les Délassements. — Mademoiselle
Mentz, la femme-théâtre. — Un mot de Julia, une ac-
trice de passage. — Ce que se disent les habitués
quand Mentz remplace. — Oscar, le régisseur général.
— L'explication de son peu d'ambition. — Devaux, le
second régisseur. — Pourquoi il a beaucoup de mal.
— Le chef d'orchestre Gourlier. — Tendre la perche.
— Les coulisses. — Ceux qui y viennent. — Alexandre
Flan. — Ernest Blum. — Pourquoi je ne dis rien de
lui.—MM. Alphonse Royer, Hippolyte Cogniard, Henry
Murger, Lafontaine, Mario-Uchard, Lambert Thiboust,
Aylie Langlé au foyer des acteurs. — Edmond About.
— Sa ressemblance avec moi. — Un document histo-
rique. — Une répétition du théâtre. — Ces dames chez
le commissaire. — La Comédie-Française et les Délas-
sements.

I

Encore un peu de Délassements, si vous
voulez.

Dans le chapitre précédent, j'ai omis de parler d'une petite actrice qui a bien aussi son côté bizarre.

Mademoiselle Mentz : la femme-théâtre.

C'est une enfant de quinze à seize ans, fille d'une ouvreuse de la salle.

Elle ne vient jamais aux répétitions et elle sait tous les rôles de la pièce qu'on joue ou qu'on va jouer.

Elle les sait à un tel point, qu'elle remplace, le soir, instantanément, la première venue.

Et cela sans se tromper d'un mot, d'une virgule.

C'est un trésor pour les Délassements.

Car trop souvent ces dames oublient de venir, retenues qu'elles sont, l'une par le vilain temps, l'autre par le retard d'un chemin de fer.

Julia, une biche de passage, a donné un soir pour excuse d'une représentation manquée :

— Qu'elle avait oublié l'adresse du théâtre !

Oscar a proposé de la lui attacher autour du cou.

II

Pour en revenir à Mentz, ce petit Pic de la Mirandole, comme dit Sari, remplit quelquefois dans une seule soirée dix à douze rôles.

Le public la connaît et lui tient compte des tours de force qu'elle accomplit.

Quand elle entre pour remplacer quelqu'un, les habitués disent :

— Bon, voilà la petite : une telle voyage.

III

Continuons cette revue de mon théâtre favori.

Je suis un peu comme les amoureux, moi ;
j'adore parler longuement de ce que j'aime.

Oscar, — je l'ai dit plus haut, — est le régisseur général du lieu.

Comme metteur en scène et comme acteur,
il possède un talent réellement remar-
quable.

En outre, je ne connais pas d'homme plus
travailleur.

Il se lève à neuf heures du matin, donne
jusqu'à midi des leçons de déclamation aux
débutantes du théâtre, vient faire répéter
jusqu'à quatre heures, et le soir joue un rôle
écrasant jusqu'à minuit.

Malgré ces nombreuses occupations, il
trouve encore moyen de confectionner, de
temps à autre, un vaudeville amusant.

Il joue de la flûte, du piano, de l'accor-
déon ; il parle italien, et pourrait au besoin
donner des leçons de latin à M. Jules Janin,
la bête noire de ma mère.

— Comment se fait-il, demanderont les hommes graves, qu'avec autant de ressources il reste aux Délassements-Comiques ?

D'abord, les Délassements lui rapportent beaucoup d'argent, il s'y fait avec ses cours à domicile, sa régie, ses représentations et ses droits d'auteur, quelque chose comme sept à huit mille francs par an.

De plus, il est là dans son milieu, dans son élément.

C'est un esprit bohème avant tout.

La réponse suivante, qu'il a faite un jour à certain quidam, suffit à expliquer sa conduite :

— Pourquoi restez-vous ici ? lui demandait-il.

— Je m'y amuse.

IV

Deveaux, le second régisseur, est l'activité personnifiée.

C'est lui qui est chargé de prévenir ces dames et de veiller à ce qu'elles entrent en scène à temps.

C'est lui qui va les voir quand elles sont malades, ou quand elles font mine de l'être.

C'est lui qui s'occupe de les faire remplacer lorsqu'elles manquent, et qui les rappelle à l'ordre quand elles oublient que sur le théâtre elles ne sont pas chez elles.

Il a beaucoup de mal.

V

Le chef d'orchestre se nomme Gourlier, musicien de talent ; il a aussi sa part dans le succès du théâtre.

Ses accompagnements sont pleins de fantaisie, et je connais beaucoup d'habitués que ses variations enthousiasment.

Il est d'une grande habileté pour tendre ce qu'en lexique théâtral on nomme la perche.

Sans lui la plupart des actrices chanteraient faux.

Quand il se fait quelquefois remplacer par son second, moins adroit que lui, la représentation devient vraiment curieuse.

Les femmes s'offrent des notes fausses à bouche que veux-tu.

Sari appelle cela : faire des voyages autour du ton.

VI

Quoi qu'en disent les médisants, les coulisses sont hermétiquement fermées aux étrangers. On n'y voit jamais d'inconnus. Le nombre d'intimes et d'ayants droit au séjour derrière les décors et dans le foyer est très-restreint.

On les compte.

Ce sont quelques privilégiés, amis ou parents du directeur, un ou deux journalistes de la très-petite presse, et les auteurs du théâtre

Et encore parmi ces derniers en est-il qu'on ne voit jamais.

Tel M. Alexandre Flan.

Ce jeune vaudevilliste, une des gloires du théâtre, y vient juste trois fois par chacune de ses pièces.

Le jour de la lecture aux artistes, à la répétition générale et à la première représentation.

Passé cela, on ne l'aperçoit plus.

On dirait qu'il a peur pour sa vertu.

Cette crainte fait véritablement l'éloge de la troupe.

VII

En revanche, son collaborateur habituel, M. Ernest Blum, y vient tous les soirs.

Je crois qu'il y couche.

VIII

Je dirais bien quelques mots de sa personne, mais il est si modeste que je craindrais de le blesser. N'est-ce pas, Ernest Blum, que cela te serait désagréable que je parlasse de toi?

Rassure-toi, mon fils, je ne dirai rien; je ne te ferai pas le vilain tour de rien raconter de tes amours ni de tes affaires, tu es trop gentil et surtout... trop journaliste.

IX

Cependant, à de certains soirs, les coulisses se peuplent d'étrangers, le foyer resplendit d'habits noirs inconnus.

Mais ceux-là ont parfaitement le droit d'y venir.

Ce sont MM. Alphonse Royer, directeur de l'Opéra; Hippolyte Cogniard, Henry Murger, Mario Uchard, Lambert Thiboust, Lafontaine, Aylic Langlé, Albert Wolff.

Il y a deux ans, Edmond About n'en sortait pas.

Il n'y vient plus depuis que les blondes sont en majorité, et que j'y danse.

Cela tient à ce que ses amis soutiennent que je suis son portrait frappant.

Le fait est que nous nous ressemblons un peu.

Mais je suis mieux que lui.

X

Tout à l'heure je parlais des travaux de géant qu'il fallait accomplir pour monter une pièce à spectacle, comme on en joue habituellement aux *Délassements*.

En feuilletant mes papiers, je retrouve le procès-verbal d'une répétition que je me suis amusé à faire, un jour que j'avais les idées tournées vers la littérature.

J'ai fortement envie de le placer ici, — à

titre de document historique, bien entendu.

L'authencité en est garantie par moi, — pour deux ans.

UNE RÉPÉTITION AUX DÉLASSEMENTS

La scène se passe sur le théâtre, — face aux acteurs (je m'exprime comme un véritable vaudevilliste), le dos tourné à la salle, est assis, dans un fauteuil boiteux, le régisseur Oscar; à sa droite, sur une simple chaise, se dandine l'auteur.

OSCAR. Allons, mesdames, c'est à vous... Ne manquez pas votre entrée...

MÉLINA, s'avançant. Monsieur Oscar, est-ce que j'entre aussi de ce côté-là, moi?...

OSCAR. Certainement; si vous étiez venue hier répéter, vous le sauriez.

MÉLINA. Hier, je ne pouvais pas. J'avais affaire...

OSCAR. En voilà une raison! Mais où donc avez-vous affaire ailleurs qu'ici?

MÉLINA. Qu'il est bête !...

OSCAR. Voyons, allez... Les bergers entrent les premiers... Quelles sont celles qui font les bergers ?

ROSE. Moi, monsieur.

OSCAR. Tiens, mais hier vous faisiez une bergère.

ROSE. J'ai changé avec Gérard...

OSCAR. C'est curieux cela, ma parole d'honneur. Vous changez les rôles à votre guise... Qu'est-ce qui est donc le directeur ici? Tout le monde, il parait...

ROSE. Le costume ne m'allait pas... et puis mon époux ne veut pas que je joue en homme...

OSCAR. Pourquoi ça ?

ROSE. Ça le trompe...

OSCAR. Eh bien, allez, alors... Restez avec les bergères... Votre remplaçante est-elle là ?

ROSE. Non, monsieur. Elle ne peut pas venir... Elle reçoit aujourd'hui.

OSCAR. Bon... voilà une répétition qui va

bien marcher... Sur seize bergers, il en manque quatorze... Il est impossible de mettre en scène dans ces conditions-là...

L'AUTEUR. Ça n'est pas possible ! et moi qui voulais faire des coupures. Comment faire si je ne vois rien?

OSCAR. Coupez les rôles, parbleu ! Ces dames trouvent qu'ils font longueur.

PAURELLE. Si on me coupe quelque chose, à moi, je ne joue pas.

L'AUTEUR. Mais vous ne venez jamais répéter, vous non plus.

PAURELLE. On répète trop tard...

L'AUTEUR. A deux heures, c'est trop tard !

PAURELLE. Certainement; si vous croyez que je n'ai que ça à faire ! et puis, il me déplaît, votre rôle...

L'AUTEUR. C'est un rôle à effet. Le costume est charmant.

PAURELLE. Je me moque bien du costume! J'ai vingt lignes à dire.

L'AUTEUR. Vingt mots spirituels... Ils sont de mon collaborateur.

OSCAR. Voyons ! Nous perdons un temps précieux... Ah! voilà mademoiselle Henriette qui arrive... (A Henriette.) Eh bien, ne vous pressez pas, mon enfant, nous sommes faits pour vous attendre.

HENRIETTE. Est-ce que je suis en retard ?

OSCAR. D'une heure seulement.

HENRIETTE. Tiens, je croyais être en avance...

OSCAR. A votre place, je ne viendrais pas du tout.

HENRIETTE. Et vous feriez joliment bien...

MÉLANIE. Ah! Henriette qui fait des mots.

HENRIETTE. Ça te contrarie?

MÉLANIE. Non, ça m'étonne.

OSCAR. Voyons, répétons. Gourlier, donne - l'accord.

Le musicien joue la ritournelle du chœur d'entrée. A ce moment, une dispute s'élève entre les bergers et les bergères.

OSCAR, se levant. Qu'est-ce qu'il y a encore?

Mlle GÉRARD. Il y a que c'est une infamie et que vous allez venir avec moi chez le commissaire...

Mlle FEBVRE. Ça m'est égal... Il ne me fait pas peur, ton commissaire...

Mlle GÉRARD. Ah! vous écrivez des lettres anonymes pour me faire perdre ma position, et vous croyez que cela se passera comme ça!... Je vais vous faire arrêter.

Mlle FEBVRE. Toi!... Il en faut d'autres que toi, ma petite, pour me faire arrêter.

OSCAR. Mesdames, taisez-vous et répétons.

Mlle GÉRARD. Venez... allons, venez, ou je fais chercher un sergent de ville.

Mlle FEBVRE. Je viens... mais tu me le payeras.
(Elles sortent furieuses.)

OSCAR. Eh bien, et la répétition?

HENRIETTE, bas à Mélanie. Elles vont chez le commissaire, faut que j'aille voir cela. Viens-tu avec?...

MÉLANIE. Marche devant.

Au bout de trois minutes, toutes les dames ont quitté la répétition pour aller chez le commissaire.

OSCAR, seul avec l'auteur. Qu'est-ce que vous dites de cela? nous voilà nous deux pour répéter la pièce à présent!

L'AUTEUR. C'est insuffisant. Avec ce système, on jouera la pièce dans un an.

OSCAR. Parbleu! et dire que c'est tous les jours la même chose.

L'AUTEUR. Si mon collaborateur voyait cela, il en mourrait.

OSCAR. Ça ne vous ennuie pas, vous?

L'AUTEUR. Moi... si... Mais comment faire autrement. Je vais fumer une cigarette.

OSCAR. Ah! voilà M. Sari.

M. SARI. Quoi de neuf?

OSCAR. Il y a que nous n'avons plus personne pour répéter.

M. SARI. Où sont-elles?

OSCAR. Chez le commissaire...

M. SARI. Fichtre ! mais il va les garder.

L'AUTEUR. C'est bien possible.

M. SARI. Alors, on n'a pas répété aujourd'hui ?

OSCAR. On n'a rien répété du tout...

M. SARI. Diable! ça devient grave! je vais les réclamer. (Il se lève et s'en va.)

OSCAR, à l'auteur. En voilà un théâtre ! le directeur qui va chercher ses pensionnaires chez le commissaire.

L'AUTEUR. Oui, c'est drôle...

OSCAR. Et vous croyez que cela peut durer longtemps ainsi ! Dans un mois on ne pourra pas monter même un vaudeville en un acte.

L'AUTEUR. Laissez donc, ça va toujours... Depuis que je fais des pièces ici on ne m'a jamais répété qu'avec trois ou quatre femmes, et à la première il n'y a jamais d'accrocs, et tout le monde est à son poste.

OSCAR. A quoi ça tient-il ?

L'AUTEUR. On n'a jamais pu savoir.

Un quart d'heure après ce colloque, ces dames effectuent leur rentrée, ramenées par M. Sari, et la répétition a enfin lieu.

M. SARI, à l'auteur. Eh bien, vous voyez, ça marche, personne ne manque...

L'AUTEUR. Tant pis...

M. SARI. Pourquoi ça?

L'AUTEUR. Demain elles manqueront toutes.

M. SARI. Demain est loin; et puis, qu'est-ce que ça nous fait, les costumes et les décors marchent.

L'AUTEUR. Ah! bon, alors... nous sommes sauvés. C'est égal, à la Comédie-Française ça va mieux que ça.

M. SARI. Oui, mais c'est moins amusant.

CHAPITRE X

Sommaire. — Le public des Délassements. — Sa sympathie avec le théâtre. — Les biches et les gandins. — Le gandin pur sang locataire de l'avant-scène. — Le gandin parvenu. — Sa physionomie. — Le gandin boursier. — La balustrade des premières loges — Le gandin vieillard aux fauteuils d'orchestre. — Les vieux marquis. — Les négociants enrichis. — Pourquoi cette dernière classe est dangereuse. — Les biches. — Habituées. — Ce qui les amène au théâtre. — Les familles honnêtes. — Un double bénéfice. — Des personnages éminents aux Délassements. — Montaubry le ténor. — La cause de ses fréquents enrouements. — M. Victor Koning, dit de Comminges. (Voir le *Pré-aux-Clercs*.) — Les entrées de faveur. — Ceux qui s'y glissent. — Rolland le contrôleur en chef et un spectateur gratis.

I

Le public des *Délassements* est un public

spécial, qui semble avoir été créé expressément pour le théâtre.

Ses allures, son langage, ses manières de voir et d'agir, concordent parfaitement avec lui.

L'un vaut l'autre.

Il se compose exclusivement de gandins et de biches appartenant à toutes les classes.

Chacun sait que le royaume du Gandinisme et de la Bicherie, d'une grande étendue d'ailleurs, comprend différentes catégories.

Continuons à nous montrer très-littéraire en esquissant quelques-uns des types de ces catégories.

Du même coup j'aurai crayonné le public des *Délassements*.

II

La première catégorie se compose du gandin pur sang; cette espèce est généralement un fils de famille titré.

Il est noble d'origine et légèrement plébéien d'instinct.

Lorsque son père tient serrés les cordons de la bourse, il emprunte et s'endette avec le laisser aller d'un gentilhomme de l'ancien jeu.

Il ne s'amuse que rarement et ne rit qu'une fois par an.

III

La deuxième catégorie se compose du gandin parvenu.

Enfant de prolétaires, né de parents riches mais extrêmement ridicules, le gandin parvenu a su se créer, par d'honnêtes relations, une sorte de position mixte.

Il est vêtu avec l'élégance du gandin pur sang qui le protége, il en a le langage et les allures, mais il est plus économe.

Gandin par ostentation, il dépense quinze

louis à un souper et donne vingt francs de pourboire au garçon qu'il tutoie.

Le nom de son père le fait rougir et il provoque ceux qui lui parlent de son origine.

La loi sur les titres l'a profondément affecté.

IV

Le gandin boursier, qui forme la troisième catégorie, est connu de tout le monde.

C'est un bon petit jeune homme qui, sans la création de la coulisse, serait encore commis de nouveautés ou marchand de draps.

Les louis qu'il gagne facilement le rendent fou.

Il a fini par se croire fils de famille.

V

Le vieillard — gandin — la quatrième catégorie, habite les fauteuils d'orchestre.

Sa lorgnette ne le quitte pas, il la braque
sur les femmes, comme s'il était à l'Opéra,
connaît leurs noms, et deux ou trois fois par
an se permet d'en inviter une à souper.

Il forme deux tribus.

La tribu des « vieux marquis » et celle des
négociants enrichis.

Le vieux marquis est un ancien beau de
1830, qui a conservé de son époque un par-
fum de bonne compagnie qui n'est pas désagréable, il appelle les femmes « belle dame, »
les compare aux roses du printemps et leur
offre des bonbons contre la toux.

Le négociant est presque toujours un marchand de vins en gros qui a fait fortune, et
qui continue son commerce.

Sa maison lui rapporte soixante mille francs
par an, et lui en coûte trois mille. Le sur-
plus est mangé avec des petites actrices.

C'est un bon vivant, disent ceux qui lui
empruntent de l'argent, qui porte encore des

boucles d'oreilles et qui, cependant, s'habille comme un jeune homme.

Il est marié, mais sa femme est vieille et tient les livres. D'ailleurs il ne veut pas la tromper ; il n'a l'intention — c'est lui qui parle — que de rire un peu, et voilà tout.

Son refrain est : la vie est si courte!

Il met volontiers les femmes dans leurs meubles ; on lui vend le mobilier à quatre-vingt-dix jours, mais il exige l'escompte pour le principe.

C'est un amant désastreux qui est convaincu qu'il n'accuse que quarante ans et qui cherche à faire des « victimes. »

Quand on lui donne la clef de son boudoir, il y dit tant de bêtises qu'on ne veut plus le recevoir que dans la cuisine.

Il vous appelle louloutte et vous demande perpétuellement si l'on n'a pas un parent qui a servi avec lui dans la 6e légion.

VI

Les biches, habituées des *Délassements*, ne sont pas aussi nuancées que les gandins.

Elles sont plus ou moins riches, plus ou moins jolies, et voilà tout.

Elles y viennent par habitude ou pour les besoins de leur profession.

Elles s'amusent des couplets et médisent des actrices.

Par esprit de rivalité sans doute.

VII

Il est très-rare de voir dans la salle des familles dites honnêtes.

Quand elles s'y fourvoient, Rolland, le contrôleur, devient joyeux.

Il sait qu'elles partiront infailliblement après le prologue, chassées par le terme de leurs voisins et qu'il pourra revendre leur loge.

C'est un double bénéfice.

VIII

Parmi les spectateurs se glissent quelquefois des vaudevillistes et des journalistes.

Chaque pièce nouvelle amène un ou deux
personnages éminents.

C'est alors fête dans le théâtre; on est tenté
d'illuminer.

Montaubry, le ténor, honore aussi, à de certains soirs, le théâtre de sa présence.

Il se moque de la troupe, de la pièce, de
l'orchestre, des ouvreuses, de l'*Entr'acte*, des
petits bancs. — Un de ces soirs, il se moquera
de lui-même.

Je suis convaincue que ce sont ses visites
aux *Délassements* qui l'enrouent si fréquemment.

Je déteins sur lui.

IX

Victor Koning — un très-jeune journaliste — y est aussi fort assidu.

Il a ses entrées dans les coulisses, mais il n'en profite que pour faire les doux yeux à Mlle T***.

X

Du reste, les entrées de faveur sont très-restreintes.

Mais il est des gens qui trouvent moyen de se faufiler dans la salle malgré la surveillance active des contrôleurs.

Un jour, l'un de ces audacieux fut arrêté à la porte par Rolland.

— Vous ne pouvez pas entrer, lui dit ce dernier.

— Pourquoi donc j'entre tous les soirs?

— M. Sari vient de supprimer toutes les entrées.

— Les miennes aussi?

— Les vôtres aussi.

— Mais, de quel droit, s'il vous plait?

— Dame... du droit que tout directeur...

— Cela est impossible, on ne peut pas me les avoir retirées.

— Et pourquoi donc?

— Parce que je ne les ai jamais eues.

CHAPITRE XI

Sommaire. — Papa Mané et le public des Délassements.
— L'entente cordiale qui existe entre les actrices
et les spectateurs. — Les conversations des loges
à la scène. — Les correspondances épistolaires —
L'invitation à souper.— Une circulaire.— La réponse
épistolaire d'une dame. — Deux lignes spirituelles
d'un vaudevilliste non joué. — Le facteur des *Délass'*.
— Profession qui rapporte. — Son moyen d'éviter
d'inutiles lectures. — La loge du concierge servant
de salon de réception. — Achille, le machiniste en
chef.— Les gandins installés dans la loge.— Le prince
russe, buveur de petits verres de kirsch et trinquant
avec les machinistes. — Pourquoi il n'y vient plus. —
La sortie du théâtre. — Mon intention d'en faire une
comédie.— Ce qui m'en a empêché.— Encore M. Jules
Janin. — *Scènes dialoguées*. — Le moyen de s'en aller
seule quand on est attendue de deux côtés à la fois.

I

Historiographe intègre, ma conscience me

fait un devoir d'aborder sans faiblir le sujet périlleux des relations entre actrices et spectateurs.

En vain je voudrais le dissimuler, ces relations existent.

Papa Mané, qui a beaucoup travaillé sur les *Délassements*, le brave homme! a déjà parlé de l'entente cordiale qui règne entre le public et le théâtre.

« Des loges à la scène, dit-il, on a toujours quelque chose à se dire, tantôt de la voix, plus souvent du geste. »

Hélas! ceci n'est que trop vrai.

II

Les gandins entament fréquemment des conversations avec les actrices.

Ils les félicitent sur leur toilette, leur diction, s'informent de celles qui manquent et les invitent à souper.

L'invitation à souper est le premier moyen des gandins.

Au commencement de la soirée elles refusent toujours.

A minuit on commande les huîtres.

III

Mais le système de communication le plus certain et par conséquent le plus souvent employé, c'est le système des correspondances.

Il n'est pas un théâtre où l'on reçoive autant de lettres.

Soixante à quatre-vingts par soirée au minimum.

Ce qu'il y a de curieux, c'est qu'elles se ressemblent toutes.

Qui en lit une lit les autres.

On dirait une circulaire.

IV

Avant-scèno n° 6.

« Mademoiselle,

« Un jeune homme qui roule sur le papier joseph voudrait vous entretenir en particulier.

«Voulez-vous accepter à souper avec lui sans façon.

« On cause mieux à table.

« Réponse, s. v. p.

« E... l'ancien amant de L... »

«P. S. — *En tout bien tout honneur.* »

V

En tout bien tout honneur est la phrase consacrée.

Elle se retrouve dans toutes les lettres.

Jamais elle n'a fait défaut.

C'est la seule marque de respect qu'on donne à la correspondante.

Inutile de dire qu'elle n'en sait aucun gré.

La réponse est toujours verbale.

Une seule fois J... a répondu épistolairement.

« Monsieur,

« Vous voulez me faire souper et m'entretenir.

« Cela n'est pas possible en ce moment; je suis l'une et l'autre.

« J... »

VI

Cependant dernièrement une de ces dames a reçu deux lignes vraiment spirituelles.

Le cas est tellement rare, que personne n'en revenait.

Informations prises, on découvrit qu'elles

émanaient d'un vaudevilliste d'esprit, mais non joué.

Aussi sont-elles restées sans réponse.

Voici ce qu'elles disaient :

« Quand on vous voit, on vous aime ;

« Quand on vous aime, où vous voit-on? »

VII

Le porteur de ces lettres est un jeune titi en blouse blanche, qui se tient continuellement dans la loge du concierge.

Son métier de Mercure galant lui rapporte beaucoup.

C'est une place très-recherchée.

En deux ans l'on s'y amasse généralement un honnête pécule.

Le prédécesseur de celui qui exerce actuellement s'est retiré dans son pays et a acheté des terres.

VIII

A force de monter des lettres, le facteur des *Délass...*, comme l'appelle Mélanie, connaît tous ses clients sur le bout du doigt.

Il en est arrivé à éviter aux dames la lecture des lettres inutiles.

Le moyen qu'il emploie prouve énormément en faveur de son observation :

« Mademoiselle, voici une lettre, dit-il ; je n'ai reçu que vingt sous pour la course.

« A vingt sous pour la course, on ne lit pas la lettre.

« A un louis, on la lit encore moins. »

On répond : *Oui*, les yeux fermés.

IX

Lorsqu'on éprouve le besoin de se parler

plus librement, la loge du concierge sert de salon de réception.

Cette loge est une curieuse étude.

- Elle est tenue par le machiniste en chef, Achille, un garçon d'une intelligence rare.

Dans le jour on y donne à déjeuner et à dîner ; le soir on y vend des rafraîchissements.

Les gandins riches et pauvres, pour avoir le plaisir de regarder les dames passer ou pour les voir de près, viennent chaque soir y consommer des liqueurs.

Rien de plus bizarre que l'aspect de ces gens, élégamment vêtus, ornés de gants irréprochables, installés pour toute une soirée dans cette loge enfumée et malsaine.

Achille fait fortune.

X

Il y a quelque temps, certain prince russe,

— un pour de bon, — venait sans façon y boire des petits verres de kirsch, qu'il payait cinq francs le verre.

Il trinquait avec les machinistes, qui ont fini par le tutoyer.

Cl... est cause qu'il ne vient plus.

Les machinistes le regrettent.

XI

La sortie du théâtre est l'instant le plus réellement curieux.

C'est le point culminant de la soirée, c'est là que se dénouent toutes les intrigues du jour.

De plus en plus poussée par mes instincts littéraires, j'ai sténographié une de ces scènes de mœurs.

Je la livre au lecteur.

J'avais d'abord l'intention d'en faire une

comédie, mais la perspective d'être critiquée par M. Jules Janin m'a arrêtée.

Il aurait dit du mal de moi certainement, et ma mère ne se serait plus contenue.

Je me suis privée du plaisir de devenir auteur dramatique à cause de lui.

Ce qui me console, c'est que je ne suis pas la première qu'il a empêché d'arriver.

LA SORTIE DU THÉATRE.

La rue Basse, — devant l'entrée des artistes stationnent une vingtaine de voitures de toutes les classes, depuis le coupé de maître jusqu'au modeste sapin.

Trente gandins se promènent sur le trottoir en fumant leur cigare dans la fièvre de l'impatience.

UN GANDIN BRUN. Tu es sûr qu'elle viendra ?

SON AMI. Parfaitement ! car elle a fait répondre que oui ; après cela, tu sais, je ne réponds de rien ; ces dames sont si changeantes !

LE GANDIN BRUN. Elle n'est pas encore sortie?

L'AMI. Pas encore. La pièce n'était pas finie que j'étais par ici; — le temps que j'ai mis à tourner le boulevard et la rue ne lui suffit pas à se déshabiller.

LE GANDIN. Elle est gentille...

L'AMI. Très-gentille! on dit qu'elle est amusante en société.

LE GANDIN. Me conseilles-tu de la garder?

L'AMI. Ça dépend. Ton père double-t-il enfin ta pension?

LE GANDIN. Oui.

L'AMI. Garde-la alors...

LE GANDIN. On dit qu'elle s'appelle?...

L'ami lui dit le nom à l'oreille.

Soyons discrets!

LE GANDIN. Elle n'est pas mal dans son costume du Radis-Noir?

L'AMI. Il lui va bien.

LE GANDIN. Est-ce que les jambes sont à elle?

L'AMI. Probablement? On dit qu'elle est sage...

LE GANDIN. C'est égal, elle tarde bien. — Je m'ennuie ici, à voir sortir tous ces figurants et ces acteurs.

L'AMI. Ils ne font pas attention à toi; ils sont habitués à cela, va!

AUTRE GROUPE.

AUTRE GANDIN. Je te dis que tu as tort de l'attendre ici; elle sortira par devant.

DEUXIÈME GANDIN. Elle m'a fait dire de l'attendre ici, j'attends ici.

PREMIER GANDIN. Est-ce que tu en es amoureux?

DEUXIÈME GANDIN. Moi! allons donc! Est-ce qu'on aime des actrices?...

PREMIER GANDIN. Pourquoi les fréquentes-tu alors?

DEUXIÈME GANDIN. Tout le monde le fait à la Bourse. — J'ai peur d'être ridicule.

PREMIER GANDIN. Ah ! — voilà des dames qui sortent.

Effectivement, quatre dames effectuent leur sortie ; elles sont sur-le-champ entourées; trois d'entre elles prennent des bras qui leur sont offerts, montent en voiture ou partent à pied, la quatrième s'en va seule.

DEUXIÈME GANDIN. Ce n'est pas encore elle. — Quelle est donc celle qui s'en va là ?

PREMIER GANDIN. C'est la duègne.

DEUXIÈME GANDIN. Pouah !

PREMIER GANDIN. C'est égal, nous posons. — J'ai dans l'idée qu'elle sortira par devant...

DEUXIÈME GANDIN. Que tu es ennuyeux, toi, avec tes idées ; puisqu'elle a dit que non, — encore une fois ; — rallumons un cigare.

PREMIER GANDIN. C'est que je suis si fatigué, voilà trois nuits que je passe... Je dors debout.

DEUXIÈME GANDIN. Poule mouillée, va; — moi, je suis resté dix-huit jours sans dormir, on ne s'en apercevait pas seulement ; le dix-neuvième, j'étais tout à fait abruti, je n'aurais pas trouvé un mot...

PREMIER GANDIN. Et maintenant ?

DEUXIÈME GANDIN. J'en trouve.

SUR LE DEVANT.

AUTRE GANDIN. Voilà qu'on va fermer les portes. — Est elle longue à se déshabiller ! — Tout le monde est déjà parti ! — Dieu ! que c'est ennuyeux d'avoir des actrices pour maîtresses. — Les sergents de ville me regardent en riant, je suis sûr que j'ai l'air d'un gandin qui attend sa bonne amie... (Il s'éloigne un peu.) Il est une heure, le temps de nous en retourner, de souper; je ne serai pas couché avant quatre heures, et il faut que je sois à la Bourse à dix heures... Que c'est ennuyeux ! cristi !

Transportons le lecteur dans la loge de l'actrice si impatiemment attendue.

L'ACTRICE, à un jeune homme qui l'aide à se rhabiller. Crois-tu qu'elle est drôle celle-là : on m'attend de chaque côté du théâtre, par devant et par derrière; comment faire pour m'en aller avec toi ?

Le jeune homme, qui n'est autre qu'un acteur de la maison. — C'est difficile, à moins de s'envoler par la fenêtre... Je veux cependant t'accompagner.

L'ACTRICE. Et moi aussi, — c'est épineux...

LE JEUNE HOMME. Ce que c'est que d'avoir deux amants à la fois!

L'ACTRICE. Oui, c'est là le côté désagréable.

LE JEUNE HOMME. Si j'étais jaloux cependant!

L'ACTRICE. Ne dis donc pas de bêtises !

LE JEUNE HOMME. Il est une heure et demie, faut trouver un moyen de s'en aller, nous ne pouvons rester ici toute la nuit, — si en baissant ton voile et en marchant très-vite, tu tâchais de l'éviter...

L'ACTRICE. Ce n'est pas possible, il me reconnaîtrait à ma robe, c'est lui qui me l'a achetée.

LE JEUNE HOMME. Et par devant ?

L'ACTRICE. A mon chapeau, il me vient de lui.

LE JEUNE HOMME. Comment faire?

L'ACTRICE. En voilà une situation de vaudeville! Si Chose était là, il en ferait une pièce.

LE JEUNE HOMME. As-tu une idée ?

L'ACTRICE. Oui, il m'en pousse une !...

Elle se déshabille vivement et endosse un costume de titi avec lequel elle vient de jouer.

LE JEUNE HOMME. Parfait! charmant! en homme ils ne te reconnaîtront pas. Veux-tu mon cache-nez?

L'ARTISTE. Oui, donne... Là... s'ils me reconnaissent, il faudra qu'ils aient de bons lorgnons. Descends devant ; cherche une voiture et attends-moi au coin du faubourg.

LE JEUNE HOMME. Tu y viendras ?

L'ACTRICE. Je te le jure. Je filerai entre leurs jambes.

LE JEUNE HOMME. Bravo ! Tiens, tu es une femme forte, toi !

L'ACTRICE. — Merci.

Le jeune homme descend et passe fièrement devant les gandins en faction.

(A lui-même.) Posez, mes enfants, vous poserez longtemps. Voilà une soirée qu'il faudra passer au chapitre des profits et pertes.

DEUXIÈME GANDIN. Deux heures moins le quart ! crois-tu qu'elle y met le temps ! Elle ne sortira jamais...

PREMIER GANDIN. Tu ne veux pas me croire : elle est passée par devant. Je suis sûr qu'elle nous cherche sur le boulevard.

DEUXIÈME GANDIN. Ce doit être fermé sur le devant.

PREMIER GANDIN. Voilà qu'on ouvre la porte. C'est elle. Non, c'est un homme.

L'actrice, costumée en gamin, la figure enfoncée dans le cache-nez, sort, passe devant eux, bouscule celui qui est devant elle et s'éloigne tranquillement, sans avoir été reconnue.

DEUXIÈME GANDIN, qui la regarde s'en aller. C'est un employé du théâtre. Bon, voilà qu'on éteint tout; allons, elle est partie.

PREMIER GANDIN. Viens-nous-en... tu la verras demain.

DEUXIÈME GANDIN. Attendons encore deux minutes. Tiens, comptons jusqu'à cent; à cent nous partirons.

PBEMIER GANDIN. Je veux bien... mais ne comptons pas plus de cent... ne fais pas comme l'autre fois où tu as compté quatre ou cinq mille.

DEUXIÈME GANDIN. Non, cent, juste... vas-y... une, deux, trois, quatre, cinq, six, sept, huit...

SUR LE DEVANT.

L'AUTRE GANDIN. Cent trois, cent quatre, cent cinq, cent six, cent sept, cent huit, cent neuf...

. . . .

CHAPITRE XII

Sommaire. — La maladresse des hommes vis-à-vis des femmes. — Le *Manuel des amoureux*, leçons dont le besoin se faisait généralement sentir. — Première leçon : Qu'est-ce qu'on entend par ces mots : faire la cour? — Définition. — La blonde ; son tempérament, ses allures, ce qu'il faut être pour réussir près d'elle. — Ève, Vénus, mademoiselle Marquet. — Ravel. — Son opinion sur les blondes. — Un mot d'un de mes amis. — La brune. — Définition de la brune. — Comment on doit lui parler. — La rousse. — Moyen de réussir auprès-d'elle. — Les grises et les blanches. — La femme grise bas-bleu. — Le mépris qu'il faut avoir pour leurs amants. — Moi. — Les chauves. — Les perruques. — Celle de mademoiselle L***. — Une mèche de ses cheveux. — Un malin. — Une de ses manières de se présenter à une femme. — Pourquoi mademoiselle S***·ne rit jamais.

I

Les petits malheurs qui arrivent aux gandins, — et même aux autres hommes, — car les gandins sont du sexe masculin, — ont pour cause leur grande inexpérience vis-à-vis des femmes.

Aucun d'eux ne sait s'y prendre ; ils sont malheureux par ignorance.

C'est surtout dans leur façon de faire la cour qu'ils sont d'une maladresse sans égale.

Je n'ai jamais rencontré un seul homme qui s'y soit pris d'une manière intelligente.

II

C'est dans la charitable intention de combler ce vide social que l'idée m'est venue d'écrire un *Manuel des Amoureux* à l'usage des inexpérimentés.

Je crois, en publiant ici ces leçons, rendre un service à la partie mâle de mes lecteurs. Par ce moyen, mon livre aura son utilité.

III

Combien pourraient en dire autant?

MANUEL DES AMOUREUX

D. Qu'est-ce que vous entendez par ces mots : Faire la cour ?

R. Faire la cour signifie peindre sa flamme à une femme qui a su captiver votre cœur, entourer l'objet aimé de vos soins et chercher par des prévenances et des attentions sans égales à lui plaire.

D. Y a-t-il plusieurs façons de faire la cour?

R. Autant qu'on veut.

D. Dites-nous quelques-unes de ces façons, si cela ne vous ennuie pas trop?

R. Au contraire, enchantée de vous être agréable.

D. Trop aimable, vraiment; nous vous écoutons.

R. J'y vais alors.

IV

LA BLONDE.

Pour faire la cour à une blonde, il est probablement de toute nécessité qu'on ait étudié son caractère, ses habitudes, ses goûts.

La blonde diffère énormément des autres femmes. Quelques poëtes affirment qu'elle est la seule jolie d'entre toutes.

Je suis assez de leur avis, et j'ai bien mes raisons pour cela.

Je suis blonde.

V

Ève, — la première biche connue, disent toujours ces poëtes amoureux, — était blonde comme les blés.

La chevelure de Vénus, la patronne des lorettes, était de cette couleur tant vantée.

Mademoiselle Marquet du Vaudeville, une des jolies femmes de Paris, est blonde à rendre jalouse une Allemande.

Toutes les beautés remarquables ont été, sont, ou seront blondes.

On trouvera peu de contradicteurs à cet aphorisme féminin.

V I

Ravel seul, dans une pièce de Lambert Thiboust, a dit du mal des blondes.

Il les appelle les Vénus à la chope. Mais c'était Ravel, et chacun sait que cet amusant comique, qui me foule la rate chaque fois que je le vois, est le grand prêtre des paradoxes.

Et les paradoxes confirment la règle comme les exceptions.

VII

Mon Dieu ! que je m'exprime bien aujourd'hui !

VIII

Or la blonde est d'un tempérament à nulle autre femme pareille.

Elle est douce, poétique et généralement amoureuse de tout ce qui est brun, violent et élégiaque.

Pour lui faire la cour, pour arriver à la *tomber* (termes des *Délassements Comiques*), il faut scrupuleusement posséder toutes ces qualités.

IX

Ou être riche.

X

La blonde est délicate, faible, langoureuse, lymphatique.

Elle aime la poésie, les soupirs étouffés, les clignements d'yeux, les billets tendres.

Elle croit encore aux amoureux qui menacent de se suicider.

Elle a des larmes pour les infortunes du cœur, et des commisérations pour les malheurs de l'âme.

Une blonde n'a jamais résisté aux paroles suivantes :

« Quand vous recevrez cette lettre, cruelle, j'aurai cessé d'exister.

Minuit.

XI

Une fois qu'elle est votre maîtresse, le seul moyen de la conserver, c'est de la battre.

XII

Un de mes amis disait un jour :

« Les blondes, c'est comme les œufs à la neige, ça d-mande à être battu. »

Qui expliquera jamais le cœur des femmes?
Personne. Pas même moi, qui suis de la con-
frérie.

XIII

Or, avant : employer la poésie.

Pendant : employer monsieur Bambou.

Après : aimer les brunes.

Passons à l'autre leçon.

XIV

LA BRUNE.

Toutes les jolies femmes sont brunes,
Excepté celles qui sont blondes.

Cléopâtre était brune ; mademoiselle Page
est brune.

Rachel était brune.

XV

Les Italiennes, les Espagnoles, les Tur-
ques, sont brunes.

Quoi de plus joli que des yeux noirs encadrés dans des cheveux d'ébène !

Le type de la jolie femme, selon moi, c'est l'Andalouse.

Ses grands yeux bleus à force d'être noirs, qui, suivant l'expression d'un poëte de l'endroit, semblent porter le deuil des victimes qu'ils ont faits, sont les plus belles choses du monde.

On aime une blonde.

On est fou d'une Andalouse.

XVI

Le tempérament de la brune est l'opposé direct de celui de la blonde.

Autant cette dernière est bucolique, nonchalante, autant la brune est emportée, vive et indomptable.

Pour réussir auprès d'une brune, il faut :

Être blond.

Badin.

Insouciant,

Et froid.

XVII

Ou avoir des millions.

XVIII

On *tombe* une brune sans grande peine :
il suffit de se montrer avec elle extrêmement
réservé, indifférent, et de faire la cour à une
de ses amies.

La brune est jalouse avant tout.

Avant comme après, il est adroit d'exploiter
sa jalousie.

XIX

On n'a jamais vu une blonde faire des avances à ses soupirants.

Il n'est pas rare de voir une brune faire
elle-même une déclaration à l'homme qui lui
plaît.

Ne pas se fier à cela cependant.

Attendre une brune est une faute.

Trois fois sur dix elle va au-devant de celui qui ne pense pas à elle.

On dirait qu'elle a deviné que celui-là n'en veut pas.

X X

La brune s'obtient par le rire.

Quand elle a de jolies dents, si l'on est spirituel, on est sûr de la victoire.

Une fois qu'elle est votre maîtresse, le moyen de rester son amant, c'est de se métamorphoser en poëte.

Chez toutes les femmes — de quelle couleur qu'elle soit — entre l'allure qu'il faut prendre pour la conquérir et celle qu'il faut avoir pour la garder, la différence est immense.

La fiancée et la femme font deux en matière de mariage légitime.

L'envie et la maîtresse font deux en matière d'amour non autorisé.

XXI

Donc :

Avant : manier l'indifférence, le sans façons.

Pendant : faire rimer *beau jour* avec *amour*.

Après : aimer les rousses.

XXII

LA ROUSSE.

La rousse est le fruit de la blonde et de la brune combinées.

L'ardeur de l'une a brûlé la pâleur de l'autre.

Supposez des cheveux blonds soumis à l'action d'un calorique ardent, et vous aurez la rousse.

XXIII

Toutes les jolies femmes sont rousses,

Excepté celles qui sont blondes et celles qui sont brunes.

La rousse est adorable quand elle n'est pas affreuse.

Ce qu'il y a de charmant dans cette classe nuancée, c'est que les femmes qui la composent sont ou bien ou mal.

Connaissez-vous une rousse gentille ?

Elle est accomplie ou laide à consoler mademoiselle X***.

XXIV

Pour devenir l'objet aimé d'une rousse, on doit :

Être châtain,

Galant,

Poëte par bouffées,

Indifférent par caprices,

Avoir enfin le caractère brun et blond à la fois.

Pour la conserver, il faut la quitter.

C'est avec les rousses surtout que les absents ont toujours raison.

Elles adorent les gens qu'elles ne voient pas.

Je comprends cela, du reste, et vous ?

XXV

Résumons notre leçon comme nous l'avons fait pour les blonds et les brunes.

Avant : être incolore, ardent, doux, furieux.

Pendant : voyager.

Après : les s'ensouvenir.

XXVI

LES GRISES.

La grise ou la blanche n'est placée ici que pour mémoire.

Les tout jeunes gens qui ont encore la faiblesse d'aimer les vieilles femmes deviennent de plus en plus rares.

Je n'en connais même plus.

La femme dont les cheveux sont gris ou blancs est généralement un bas-bleu incompris dont on se fait adorer quand on est journaliste ou auteur dramatique.

C'est la plus affreuse liaison qu'on puisse avoir dans la vie.

L'homme assez tombé pour devenir l'amant d'un bas-bleu est un être que je ne crains pas de qualifier de malheureux.

Le bas-bleu n'est possible que quand il a dix-huit ans et pas de prétentions.

Comme moi, par exemple.

XXVII

Lorsque la femme à cheveux gris ne travaille pas dans la littérature, si vous vous mettez à l'aimer, vous êtes sans excuse.

Je ne connais qu'un seul amour qui puisse aller aux grises et aux blanches.

C'est l'amour filial.

Passé cela, c'est parfaitement ridicule.

XXVIII

LES CHAUVES.

Les chauves n'existent pas ; si je les classe dans ces leçons, c'est par prudence.

Pour le cas où un jour j'arriverai à perdre mes cheveux.

Ce qui ne m'arrivera jamais tant qu'il y aura des perruques en ce monde.

Bien des femmes ont déjà le chignon faux, pourquoi les bandeaux ne le seraient-ils pas à un moment donné ?

Les hommes ne sont pas si habiles qu'on ne puisse, au moyen d'une chevelure postiche, leur faire croire eucore à une jeunesse véritable.

Ce que je dis là, c'est dans l'intérêt de mademoiselle L*** qui refuse obstinément d'avouer que ses cheveux se démontent, etc., etc.

Et elle a bien tort : par cette franchise elle s'éviterait l'ennui de rougir quand un de ses soupirants lui demande une mèche de ses cheveux.

XXIX

Voilà mon *Manuel de l'Amoureux*, les leçons qu'il contient sont courtes, mais exactes.

Je n'ai donné que des indications; mais, en matière de stratégie, lorsqu'on connaît l'intérieur de la place, la ville, dit-on, est à moitié prise.

A partir de cette publication je souhaite que les hommes soient moins maladroits dans leurs façons d'assiéger les femmes.

Je le souhaite sans l'espérer.

XXX

Dans le commencement de ce chapitre j'ai vaillamment déclaré n'avoir jamais rencontré un seul homme habile à parler aux dames.

Je me suis trompée.

J'en connais un.

Mais celui-là est un véritable malin, qui aurait inventé l'adresse si, pour na tre, elle avait attendu le jour de sa naissance.

Entre autres manières intelligentes de se présenter, qu'on me permette de raconter celle qu'il employa il y a quelques jours auprès d'une de mes amies : '

Il ne la connaissait pas, ne l'avait jamais vue, et, nonobstant, un matin il s'en fut sonner à sa porte.

La bonne l'introduisit.

Une fois en face de mon amie, il s'assit sans dire mot et la regarda avec des yeux de somnambule.

Mon amie rompit le silence la première.

— Qu'y a-t-il pour votre service ? lui demanda-t-elle, fort intriguée de ce long mutisme.

Sans répondre, le malin en question conti-
nua son petit manége, tourna la tête dans
tous les sens et se mit à fureter du regard
dans tous les coins de la chambre.

— Mais que cherchez-vous donc, monsieur !
fit mon amie véritablement effrayée.

— Hélas ! mademoiselle, répondit-il enfin,
je cherche le moyen d'entamer la conversation
avec vous, et je ne le trouve pas.

XXXI

Cette habile naïveté eut le résultat que le
malin en attendait.

Mon amie se mit à rire aux éclats. Et elle
lui indiqua le moyen qu'il cherchait.

Quand une femme rit, elle devient d'une
bonté inépuisable.

XXXII

C'est pour cela que S*** ne rit jamais.

CHAPITRE DERNIER

Au public.

I

Ami lecteur, je suis forcée d'arrêter ici mes Mémoires.

Je n'ai plus rien à dire.

Si tu te plains de ma brièveté (ce qui sera un éloge) prends-t-en à mes dix-huit ans.

II

Cher lecteur,

Que vas-tu penser de moi?

Pas grand bien, n'est-ce pas?

Après m'avoir lu, si tu me lis, tu te diras :
En somme c'est un scandale que ce livre.

Tu auras tort de dire cela.

Ce livre n'est ni un scandale ni une œuvre impie.

C'est une fantaisie de femme.

Une coquetterie de danseuse qui a voulu prouver à de certaines personnes qu'au besoin elle savait parler et écrire.

Sais-tu bien pourquoi j'ai fait ce livre?

— Non.

— Je vais le dire dans la sincérité de mon âme.

Je l'ai fait pour taper un peu sur les doigts de ces écrivains écervelés qui ont pensé être très-malins en m'accablant de célébrité au préjudice de ceux qui le méritaient réellement.

J'étais tranquille dans mon obscurité; mes vœux étaient ceux, non pas d'un simple bachelier, mais d'une ballerine — ils m'ont forcée à rendre ma vie publique. — Je l'ai rendue publique.

Mon existence est à vous à présent, et Rigolboche n'a plus rien de caché pour ses contemporains.

Je le répète, ne m'accuse pas trop, cher lecteur ; si je les avais écoutés j'aurais écrit des choses horribles.

Ce que j'ai vu, par exemple.

Mais je n'ai pas voulu exploiter le scandale.

III

Pardonne-moi mes négligences de style, mes erreurs de rhétorique et mes fautes d'orthographe.

Excuse enfin les fautes de l'auteur — comme on disait jadis — en faveur de son humilité.

Paris, avril 1860.

EN VENTE

AU BUREAU DU CHARIVARI

Et chez MARTINET-HAUTECŒUR, rue de Rivoli, 172

———◇———

LA

RIGOLBOCHOMANIE

GRAND ALBUM

DE TRENTE LITHOGRAPHIES

PAR

CHARLES VERNIER

PARIS. — IMP. SIMON RAÇON ET COMP., RUE D'ERFURTH, 1.

www.ingramcontent.com/pod-product-compliance
Lightning Source LLC
Chambersburg PA
CBHW070355090426
42733CB00009B/1432